믿음의 승리

STRENGTHEN *yourself in* THE LORD

© Copyright 2007 by Bill Johnson
All right Reserved.
Published by Destiny Image
P.O. Box 310, Shippensburg, PA 17257—0310
All right Reserved.
Korean Translation Copyright © 2015 Tabernacle of David.

이 책의 한국어판 저작권은 다윗의장막미디어에 있습니다.
저작권법에 의해 한국에서 보호받는 저작물이므로 무단전재와 무단복제를 금합니다.

믿음의 승리

다윗의 장막

빌 존슨 지음 · 고병현 옮김

• STRENGTHEN YOURSELF IN THE LORD •

헌정사

이 책을 랜디 클라크에게 바칩니다. 랜디의 겸손과 청렴, 하나님을 향한 열정은 저를 포함한 수백 만의 사람들에게 영향을 끼쳤습니다. 제 삶에서 랜디의 격려와 지지는 막대한 것입니다. 저와의 우정에 대해, 그리고 청지기로서 기적의 인생을 살아 본을 보여 준 것에 대해 감사합니다. 랜디, 고맙습니다.

감사의 말씀

 편집을 도와준 댄 패럴리와 팸 스피노시에게 감사합니다. 이 책을 완성하기까지 계속 격려해 주고 도와준 메리 워커와 주디 프랭클린에게 감사합니다. 실제로 책을 쓰는 데에 도움을 준 앨리슨 아머딩에게 특별히 감사합니다. 여러분 모두는 제게 너무나 귀합니다!

추천사

 수십 년간 전 세계에서 사역을 해오면서, 저는 배경에 상관 없이 모든 사람들이 두 가지 주요한 질문을 한다는 것을 알게 되었습니다. "나는 누구인가?"와 "나의 목적은 무엇인가?"

 빌 존슨은 주님께서 그 자신을 강하게 하라고 사용하도록 가르쳐 주신 도구들에 대해 나누면서, 이 질문들에 능숙하게 대답합니다. 위대한 목사 빌 존슨은 하나님께서 우리 각자의 사명을 이루는 데에 필요한 도구들을 모두 갖춰 주셨음을 보여 줍니다. 얼마나 절박한 상황 가운데 있었든지, 이 책으로 여러분은 하나님의 공급하심을 붙들어 승리로 여정을 마치고, 주님 안에서 강해질 것입니다.

―〈기도와 금식의 숨은 능력〉 저자 마헤쉬 차브다 박사

 우리를 둘러싼 혼돈과 혼란의 세상 가운데, 원수는 우리를 이용하려는 계획을 펼치고자 합니다. 삶의 열쇠 중 하나는 패배처럼 보이는 것들, 실망감, 원수의 훔치는 전략들이 우리를 사로잡아 우리의 생각 체계에 패배적 사고 방식을 허락하지 않는 것입니다. 이 책을 통해 빌 존슨은 삶 가운데 승리의 계획을 펼쳐나갈 수 있는 사고 방식

을 만들어 줍니다. 이 책은 축복과 축복 받음, 축하, 찬양의 사고 방식을 펼치도록 도와, 주님께서 우리의 미래를 향해 갖고 계신 최선을 풀어내게 해줍니다.

— 국제 시온의 영광 주식회사 회장/
세계 추수 선교회 부대표 척 피어스 박사

이 책은 인생에서 한 번쯤 모두가 겪는, 영적 생존의 싸움을 하고 있는 모든 그리스도인들에게 풍성하고 능력 있는 격려가 됩니다. 그뿐만 아니라, 빌 존슨은 어떤 것도 우리의 사명을 가로막지 못하게 하고 예수 안의 높은 부르심을 향해 밀고 나가려는 모두에게 나아갈 길을 지시해 줍니다. 빌은 경험을 통해 이야기합니다. 그리고 그의 사역을 따르는 삶, 관계, 간증들이 그가 방법을 알고 있다는 증거입니다.

— 아이리스 선교회 롤랜드 & 하이디 베이커

빌 존슨의 공구 가방에는 믿음과 축복의 삶을 짓기 위해 필요한 장비들로 가득합니다. 저는 빌 정도의 규모로 사역을 한다는 것은 우연

이 아니며, 아버지께서 그를 지탱해 주시고 가장 두드러지고 은사가 있는 사역을 하도록 그에게 맡겨 주셨음을 확신하게 되었습니다. 저는 이것이 그의 존재와 행위의 근거임을 믿습니다.

— *조세프 갈링턴 주교*

● 차 례 ●

서론

1장_ 다윗이 승진한 비결 17

2장_ 사명에 붙들려 있으라 35

3장_ 감사로 지옥을 무장해제시키는 법 55

4장_ 개인적 돌파의 순간 71

5장_ 숨겨진 것들을 풀어놓으라. 89

6장_ 약속에 붙들리라 101

7장_ 증거를 두라 115

8장_ 환경을 통제하라 131

9장_ 절박한 외침 143

10장_ 내 차례엔 안 돼! 171

서론

 이제 강하고 큰 담력을 가져야 할 때다. 지금처럼 용기와 믿음이 요구되었던 때가 있었을지 모르겠다. 하지만 지금이 어둠의 시간이라는 말을 하려는 것은 아니다. 그건 원래 그랬으니까. 교회 위에 머물러 온, 누군가 보기를, 믿기를 기다려 온 하나님의 약속의 영역들을 말하는 것이다. 어떻게 될 수 있는지를 믿고 반응하기를 기다려 온 것이다.
 용기로 산다는 것은 격려를 요구한다. 그리고 때로 우리를 격려할 수 있는 것은 우리 자신밖에 없을 때가 있다. 스스로를 강하게 하는 방법을 모르는 교회는 대단한 값을 치렀다. 그것이 승진과 진급의 열쇠다! 그것이 다윗의 가장 어두웠던 시간을 보좌가 있는 방의 뒷문으로 바꿔놓았던 것이다. 우리에게도 마찬가지다. 스스로를 강하게 하는 법을 알게 될 때, 우리는 우리의 사명에 이르고, 하나님께서 탄생시키신 우리의 꿈들을 성취하며 예수를 정확하게 대표할 수 있는 사람이 된다. 즉 세상에 예수를 다시 보여 준다는 말이다.

다윗이 승진한 비결

∽

거인들을 쓰러뜨리고 싶다면,
거인을 쓰러뜨리는 이를 따라 하라!

∽

미움받을 용기

다윗 왕은 구약의 다른 모든 인물들보다 두드러진다. 그는 행위의 위대함보다는, 하나님을 향한 위대한 마음으로 기억된다. 다윗이 전쟁에서 위대한 승리를 거두기 전, 이스라엘에서 예배의 이해를 혁명적으로 바꿔놓기 전, 심지어 이스라엘이 경제와 영성의 부흥으로 황금기를 이룩하기 전에 그의 열정적인 마음은 하나님 보시기에 구별되었다. 다윗은 아직 무명이었지만, 하나님께서는 그가 그분의 마음을 좇는 사람인 것을 보셨다.(행 13:22 참조)

다윗이 마음으로 하나님을 좇았다는 증거가 무엇이었는가? 성경은 왕으로 기름 부음 받기 전에 다윗의 삶에 있었던 두 가지 주요한 점을 보여 준다. 첫째, 아무도 보지 않았을 때, 유다에서 아무도 기도 모임을 소집하거나 부흥회를 주도하고 있지 않았을 때, 다윗은 아버지의 양을 돌보던 들판에서 마음을 쏟아 하나님께 예배와 기도를 드렸다. 주변에 아무도 없는 상태에서 그가 하나님을 추구하는 데에 동기가 된 것은 오로지 하나님 본체를 알고자 한 갈망이었다.

주님과 다윗의 관계는 당시로서 대단히 비범한 것인데, 그것은 당대 이스라엘에서 예배에 대한 전반적 패러다임이 일시적으로 죄를 해결하기 위해 드리는 동물의 희생에 집중되어 있었지 마음으로부터 찬양의 제사를 드리는 것이 아니었기 때문이다. 그의 마음은 율법의 문자를 넘어, 주님의 마음으로 직접 그를 이끌었다.

둘째로 사자와 곰과의 전투가 하나님을 향한 다윗의 마음을 드러내 주는데, 이는 그가 하나님께서 주시는 승리에 전적으로 의지했기 때문이다. 이러한 신뢰는 주님을 향한 다윗의 마음이 상황에 따라 변화하는 것이 아니었음을 보여 준다. 그는 마음에 청렴이 있었다.(삼상 17:37 참조).

다스릴 준비를 마친 사람

하나님께서는 그분의 마음을 좇는 사람이라고 곧바로 초장에서 궁정으로 들이지 않으셨다. 놀랍게도 다윗은 사무엘이 그를 왕으로 기름 부은 이후 10~13년이 지나기까지 왕위에 오르지 못했다. 그 과도기 동안 다윗은 대부분의 사람들이 평생 겪는 것보다 더 많은 곤란과 핍박, 거절을 견뎌냈다. 어쩌면 그는 왕이 되는 데에 그렇게 오래 걸릴 것이라 생각하지 않았을지 모른다.

반대로 그보다 앞선 사울 왕은 큰 어려움을 겪지 않았다. 그는 사무엘의 기름 부음이 있고서 곧바로 왕관을 썼다. 하지만 하나님께서는 또 하나의 사울 왕을 원하지 않으셨다. 이스라엘 사람들이 왕을 원했을 때는 사울이 진실로 최고의 적임자였다(삼상 8:6 참조). 하지만 왕위에 오르기 전 그의 마음은 시험을 통해 단련이 되지 않은 상태였다. 왕이 된 사울은 이스라엘 군을 승리로 이끌고 백성들을 영도할 정도의 기름 부음을 받았다. 그러나 개인적인 전투에서 승리함을 통해서만 임하는 성품의 힘이 없었기에, 이러한 공적 승리는 이전에 감춰져 있던, 하나님을 향한 마음의 연약함을 드러냈다. 그 연약함에 더해, 사람의 호의에 대한 욕구가 점차 커져 사울은 스스로의 영광을 추구하고 주님을 불순종하게 됐다. 시험되지 않은 사울의 마음은 그에게 성공을 위해 주어진 것들로 하여금 자신을 완전히 파멸시키게 했다.

그래서 다윗은 이미 주님을 향한 마음을 가지고 있었음에도 왕좌의 영광과 책임을 다룰 수 있도록 그를 훈련시켜줄 수년간의 시험으로 인도된 것이다. 다윗이 보낸 이 시기에 대한 성경의 기록은 우리 각자가 하나님께서 주신 사명을 성취하는 도상에서 마주하게 되는, 성품에 대한 온갖 시험들로 가득하다. 하지만 정말 중요한 질문은 이것이다. 다윗의 무엇이 결국 그에게 왕이 될 자격을 주었는가? 하나님께서 "좋아. 이제 준비 됐니?"라고 말씀하시는 순간이 이르도록 만든 것은 무엇일까? 나는 그것이 상상할 수 있는 가장 깊은 배신과 거절 앞에서도 무언가를 할 수 있는 다윗의 능력이었다고 본다. 전적으로 홀로 서게 되었을 때, 그때가 다윗이 그의 주 하나님 안에서 스스로 강하게 한 때다.(삼상 30:6)

거절의 역할

다윗이 받은 시험들의 전개 과정을 보는 것은 그가 왕좌에 앉는 데에 티핑 포인트가 된 이 선택의 중요성을 이해함에 있어 가치 있는 일이다. 기름 부음을 받은 뒤 다윗이 수년간 어떤 삶을 살았는지 간략하게 정리해 보자.

이 시간들은 사실 성공한 것처럼 보이는 때에 시작된다. 다윗이 누린, 독특한 주님과의 친밀함은 이미 그를 구별시켰고 이스라엘의 어떤 누구도 갖지 못했던 것을 갖게 했다. 그것은 살아계신 하나님의 군대를 조롱하던 적들에 대한 의로운 분개에 힘입은 엄청난 용기였다. 갑옷도 없이 혼자였던 다윗은 예상을 깨고 담대하게 골리앗을 향해 돌격했고, 그 거인뿐만 아니라 블레셋 군대에 대하여 큰 승리를 거두었다. 이 공적으로 다윗은 즉각 백성과 사울 왕에게 호의를 얻었다. 그 결과 그는 궁전으로 이사했고 왕자와 베스트 프렌드가 되었으며, 공주와 결혼까지 하게 됐다. 종합해 보면, 그에 대해 사무엘이 한 말이 금방이라도 성취될 듯했다.

하지만 그때 사울 왕은 성내의 여인들이 부르고 있던 한 노래에 대한 풍문을 들었다.

"사울은 수천 명을 죽이고 다윗은 수만 명을 죽였다."

질투에 사로잡힌 사울은 다윗의 목숨을 끊으려는 작전을 개시했다. 사울의 창을 피한 뒤 다윗은 목숨을 부지하기 위해 예루살렘을 떠나야 하는 고통스러운 현실과 타협을 했다. 어쩌면 그는 이 귀신 들린 미치광이가 왕좌로부터 아무리 먼 곳이라도, 10년이 넘도록 쫓아다닐 것은 상상도 못 했을 것이다. 사울의 거절은 다윗의 왕위 학습이 평생 말씀을 믿고 그 안에서 행할 수 있는 능력을 시험하는 것에 기초했다는 첫 번째 표징이었다. 상황이 그의 사명에 완전히 반대되고 그것을 부인하는 것 같을 때에라도 말이다.

예루살렘을 떠나 얼마간 여러 곳에 몸을 숨기고 있을 때 그가 마주했던 또 하나의 성품 시험을 본다. 다윗이 그일라 마을을 블레셋으로부터 구해낸 것이다. 자신이 거기 있음을 사울이 알게 되자, 다윗은 주님께 사울이 자신을 잡으러 올 것인지, 자신이 방금 구한 주민들—자신의 친족 유대인 형제들—이 자신을 보호해 줄 것인지 혹은 사울에게 넘길 것인지를 주님께 여쭸다. 하나님께선 이렇게 말씀하셨다.

"그가 너를 잡으러 오고 있다. 그리고 그 사람들도 너를 넘겨줄 것이다."

다시 거절 당한 다윗은 광야로 향한다.

이쯤 되니 그에게도 추종자들이 있었지만, 그들은 모든 환란 당한 자와 빚진 자, 마음이 원통한 자들이었다(삼상 22:2). 사회에서 거절 당한 존재들이었다. 다윗은 이 사람들을 포용함으로 참된 왕의 마음을 보여 주었고, 이후 10년가량의 시간 동안 생활과 전투 가운데 그들을 훈련시켰다. 다윗의 리더십 하에 "거절 당한 자들"은 다윗의 "강한 용사"가 되었다.(흥미롭게도 이 사람들 중 최소 넷이 결국 다윗과 똑같이 거인들을 죽이게 된다. 거인들을 쓰러뜨리고 싶다면, 거인을 쓰러뜨린 사람을 따라 해야 한다!) 결국 다윗은 자신의 사람들을 블레셋 땅으로 옮겼고, 블레셋 왕은 다윗에게 시글락 성을 주었다.

시글락에서 다윗은 이스라엘의 원수에 대한 야간 급습을 지휘했는데, 블레셋 사람들에게는 이것이 그들을 위한 것이라고 납득시켰다. 그러던 어느 날, 블레셋이 이스라엘과 싸우기로 결단한다. 많은 사람들이 명백한 그의 군사적 힘과 기량을 인해 다윗을 함께 데려가고자 했다. 하지만 블레셋 왕자들은 다윗이 전투 중 자신들에게 등을 돌려 무찌르고, 사울의 편으로 돌아서려고 할지 모른다며 거부했다. 이러한 모욕을 받은 뒤 다윗은 자신의 사람들과 함께 시글락으로 돌아갔다. 그러나 그곳은 아말렉 족속이 이미 불태우고 약탈한 후였다. 아내들과 아이들, 소유물이 모두 사라진 상태였다.

대부분의 사람이었다면, 이렇게 심각한 상황 가운데 더는 견디지 못했을 것이다. 다윗은 왕에게 거절 당했고, 이스라엘 백성들에게 거절 당했으며 심지어 원수들에게도 거절 당했다.(마귀가 거절할 때는 진짜 일수가 사납다는 것을 안다.) 하지만 이 순간에, 다윗은 가장 어둡고 배신감 드는 거절을 마주한다. 타버린 도시와 잃어버린 가족들의 광경에 다윗의 강한 용사들—권리를 박탈 당한 존재들로부터 사회에 공헌하는 시민으로 변한, 다윗이 수년간 인내하며 보호하고 공급해 준 가족들—이 다윗을 돌로 치자고 한다. 이들이 가진 태도와 오늘날 우리 사회에 있는 흔한 선입견 사이에는 별다른 차이가 없다. 문제가 있으면 맨 위에 있는 자를 없애버리라는 것이다. 하지만 이 사람들은 다윗에게 생명을 빚지고 있었기 때문에, 이것은 더 깊은 불공정이다.

성경은 다윗이 이 순간에 느낀 바를 기록한다.

> 백성들이 자녀들 때문에 마음이 슬퍼서 다윗을 돌로 치자 하니 다윗이 크게 다급하였으나…(삼상 30:6)

가장 친한 친구들이 생명을 위협한다면 누구라도 대단히 다급하였을 것임에 의심의 여지가 없다. 하지만 다윗은 어떻게 반응하는가? 목숨을 구하려고 도망가는가? 분개하면서 자신의 지도자 위치를 변호하는가? 그들 모두가 자신에게 목숨을 빚졌음을 되새겨주면서? 다윗은 충분히 그렇게 할 수 있었지만, 오히려 이렇게 했다.

> 그의 하나님 여호와를 힘입고 용기를 얻었더라(삼상 30:6)

왕좌로 가는 뒷문

자신에게 돌을 던질 준비를 갖춘, 휘발성 있는 무리를 마주한 다윗은 자기 스스로를 보고 힘을 얻지 않고 하나님 여호와를 바라봐야 함을 알게 됐다. 믿음으로 용기를 얻은 그는 본질적으로 이렇게 말했다. "친구들, 힘을 내! 우리 아내와 아이들을 데려와야지!" 놀랍게도 그 말 한마디로 사람들은 다시 정신을 차릴 수 있었다. 다윗은 단순히 삶의 목적과 비전을 되찾아준 것이었다. 강한 리더의 참된 성품을 증명해 보인 것이다. 하나님께서는 그에게 스스로의 괴로움을 이겨내고, 받은 거절의 상처를 극복하여 식구들을 되찾도록 자신의 사람들을 다시 결집시켰다. 다윗이 강함으로 그들에게 돌아서자 그들은 다시 뭉쳐 아말렉 족속들을 쫓아갔고, 빼앗겼던 모든 사람들과 물건들을 회수했다. 하지만 압박에 무너지지 않고 이 순간 다윗은 개인적 돌파, 압력에 굴복하지 않고 스스로를 강하게 하고 자신의 목적에 충실할 수 있는 능력으로 자신의 목숨을 구할 뿐 아니라, 사람들을 이끌어 승리할 수 있게 되었다.

그의 돌파는 이제 막 열리려는, 보이지 않는 문 앞에 서 있도록 그를 지탱해 주었다. 그 문은 곧 왕좌가 있는 방으로 향하는 문이었다. 블레셋 사람들이 다윗을 싸우지 못하게 했던 바로 그 전투가 사울과 요나단이 죽은 전투였다. 불과 잠깐의 시간이 지나고 이스라엘은 다윗에게 왕관을 씌웠다. 가장 어두운 시간이 다윗을 왕좌가 있는 방의 뒷문으로 이끈 것이다.

변하지 않는 유산을 남기라

물론 이야기가 여기서 끝나진 않는다. 들판에서 왕좌로 승진한 다윗 이야기의 진정한 의미는 그가 왕으로서 남긴 유산에서 나타난다. 다윗이 시편을 쓰고 예루살렘에 전례가 없는 예배의 형식을 확립하고, 성전을 설계하고 이스라엘의 황금기를 이룬 것만 해도 충분히 놀라웠을 것이다. 그런데 다윗 왕은 하나님께 너무나 중요하여 메시아의 전신이라 불렸다. 예수께서는 영원을 관통하여 다윗의 자손의 정체성을 가지실 것이며 다윗의 위에 앉으실 것이다. 다윗은 하나님께서 영원히 역사의 방향을 바꾸실 만큼 은혜와 영향력을 입는 자리로 승진된 것이다.

다윗의 삶이 성경에 기록된 것은 단순히 우리에게 영감을 주시기 위한 것이 아니다. 그가 슈퍼 히어로가 아니었음을 알리면 그의 죄에 대한 기록들만 보면 된다. 다윗의 삶은 정말 모든 믿는 자들에게 주시는 부르심이다. 예수의 피가 흘려지기 수백 년 전에 살았던 한 죄인이 하나님께 그 정도의 은혜를 입는 자리에 이를 수 있었을 때, 하물며 그 보혈로 덮으심을 입은 자는 더 위대한 사명—그리스도와 같이 되어 지상에서 그분의 일을 마치는 일—에 이를 수 있음이 마땅하지 않겠는가?

요한은 우리가 예수 안에서 받은 사명을 이렇게 설명한다.

"일찍이 죽음을 당하사 각 족속과 방언과 백성과 나라 가운데에서 사람들을 피로 사서 하나님께 드리시고 그들로 우리 하나님 앞에서 **왕과 제사장들을** 삼으셨으니 그들이 땅에서 왕 노릇 하리로다(계 5:9~10)."

왕과 제사장으로서 우리의 위치가 다윗이 받았던 것보다 못하지 않다는 증거로, 에베소서 저자는 우리가 하늘에 그리스도와 함께 앉아 있다고 기록한다(엡 2:6 참조). 지금 예수께서 다윗의 왕좌에 앉아 계신다면, 우리도 그러한 것이다!

우리는 주님께서 이 계시—예수님이 단지 우리를 죄로부터 구원하기 위해 피를 흘리신 것이 아니라, 하나님과의 관계로 우리를 회복시켜 왕과 제사장으로서 그분과 동역하여 이 땅을 그분의 통치와 다스림으로 이끌기 위한 것이라는 것—를 그분의 백성에게 회복하고 계신 때에 살고 있다. 우리는 발바닥이 닿는 곳이면 어디든 하나님의 왕국을 세우기 위해 권세를 위임했다. 하지만 하나님께서는 우리를 "왕"이라고 부르시지만, 사실 우리가 어느 만큼 그 위치에서 행하느냐는 **잠재력의** 문제다. 그리고 래리 랜돌프Larry Randolph가 지적하듯, 하나님께서는 우리가 잠재력에 도달하는 부분에 책임이 없으시다. 많은 신자들이 하나님께서 자신들의 삶 가운데 예언의 말씀을 이루지 않고 계신 이유가 말씀이 잠재력을 가리키고 있고 거기에는 스스로의 참여가 요구된다는 사실을 자신들이 깨닫지 못해서라고 생각한다. 하나님께서는 우리의 잠재력을 이뤄 주지 않으실 것이다. 왜냐하면 우리가 스스로의 자유 의지로 하나님처럼 생각하고 행동하는, 성숙한 신자가 되길 원하시기 때문이다. 성숙한 신자들은 주님께서 마음의 비밀한 것들로 신뢰할 수 있는 자들이다. 왜냐하면 그들은 주님께서 주시는 그 은혜를 자신의 목적을 위해 사용하지 않고 주님을 위해 사용할 것이기 때문이다.

커지는 은혜로 단단해지는 사명

민주 사회에서 성장한 사람들은 하나님께서 어떤 이들에게는 더 많은 은혜를 주시고 다른 이들에게는 그렇지 않다는 개념을 받아들이기 힘든 경우가 있다. 하나님의 은혜는 그분의 사랑과 같지 않다. 우리를 향한 하나님의 광대한 사랑은 어떻게 해도 변하지 않는다. 하지만 예수께서도 예외 없이 "하나님과 사람의 은혜 안에(눅 2:52)" 성장하셔야 했다. 이 구절은 놀랍다. 사람의 은혜 안에 자라실 필요에 대해서는 이해가 가지만, 어째서 하나님의 은혜 안에 성장하셔야 했던 것일까? 주님께서는 모든 면에서 완벽하셨다.

그 답은, 예수께서 우리의 모본이 되기 위해 그분의 신성은 제쳐 두시고, 모든 일을 **사람으로서** 하셨다는 사실에 있다. 그러므로 다윗과 마찬가지로 예수께서도 시험을 받으셔야 했던 것이다. 세례 때 예수께서는 성령이 내려와 머무는 기름 부으심을 체험하셨다.

그리고 아버지께 "하나님의 아들"이라 선포하셨다. 그런데 곧바로 사역에 착수하시는 대신, 성령에 이끌리사 광야로 가셨다. 거기서 원수에게 시험을 받되, 특별히 그분께 방금 선포된 말씀의 영역에 대한 시험을 받으셨다.

누가복음에서 예수의 시험에 대한 말씀을 보면, **성령 충만하여** 광야로 들어가셨고 **성령의 능력으로** 돌아오심을 발견하게 된다(눅 4:1, 14). 그 시험을 통과하셨기에, 예수의 삶에 표현된 말씀, 그분 잠재력 가운데 행할 수 있는 은혜가 더 크게 풀어진 것이다.

예수께서 "은혜" 안에 자라셨다고 했을 때 쓰인 단어는 카리스로, 하나님의 목적을 성취할 수 있도록 하기 위해 사람 위에 하나님 본체의 거룩한 은혜와 능력이 임하는 것을 가리킨다. 예수께서 본을 보이셨듯, 하나님 안에서 사명을 성취하려면 우리 각자는 은혜 가운데 자라야 한다. 하지만 은혜는 너무나 영광스럽고 강력한 것이기 때문에 무겁다. 그러므로 하나님께서는 자비 가운데 우리에게 우리의 성품이 감당할 수 있을 만큼의 은혜를 주사, 우리를 영광에서 영광으로, 믿음에서 믿음으로, 힘에서 힘으로 나아갈 수 있게 하신다.

스스로를 섬기는 일의 목적과 우선순위

다윗의 삶은 왕과 제사장들로서 잠재력을 이뤄내는 성품을 계발하려면, 우리 자신을 강하게 하고 섬기는 능력을 꼭 배워야 한다는 것을 보여 준다. 스스로를 섬기는 법을 배우지 않고는 누구도 삶의 궁극적 사명에 이를 수 없다. 우리가 부르심을 받은 역할의 특성을 이해함으로써 우리는 이 능력의 중요성을 가장 잘 알 수 있다.

성경에서 우리가 "땅에서 왕 노릇할 것(계 5:10)"이라고 말씀할 때, 그 의미는 우리 모두가 주변 사람들에게 영향력을 미치는 위치에 설 사명이 있다는 것이다. 각자가 영향력을 끼칠 영역의 크기와 종류는 다르겠지만, 우리 모두는 사회의 리더로 부르심 받았다. "지배"의 측면에서 다른 이들을 다스리도록 부르심 받은 것이 아니다. 하나님의 왕국에서 통치의 능력은 다른 이들을 더 효과적으로 섬길 수 있게 해주는 신성한 능력이다. 그리고 왕들이 시민들에게 보호와 번영을 제공해야 하는 것과 같이, 하나님의 왕국에서 잘 섬기는 자들은 그들의 영향력 하에 들어오는 모든 이들에게 안전과 축복을 제공할 것이다.

어쩌면 지도자를 가리는 첫 번째 특질은 **결단력**일 것이다. 하나님께서는 다윗이 은밀한 곳에서 주님을 구하기로 결단했기 때문에 그가 리더로 성공할 것을 아셨다. 주님께서는 우리에게서도 이와 동일한 수준의 성숙을 찾으신다. 무리 가운데서 하나님의 움직임에 대한 긍정적 집단 압박과 가속도를 체험하는 것은 놀라운 일이다. 하지만 아무도 없을 때 하나님의 얼굴을 구하고 자신의 인생을 향한 하나님의 뜻을 추구하는 이들은 스스로를 강하게 하는 데에 필요한 결단력을 가진 사람들이다. 시험 가운데 스스로를 강함게 함으로써 하나님을 구하려는 결단을 유지하는 법을 배운다면, 주변 사람들에게 집단적 축복을 풀어놓는 개인적 돌파를 경험하게 될 것이다.

하나님께서는 우리가 그분을 통해 스스로를 강하게 하는 법을 배우길 원하신다. 왜냐하면 우리의 기술을 계발할 때 영적 수명이 길어질 것이기 때문이다. 우리가 장수해야 하는 것은, 우리의 사명과 잠재력이 수년 내에 완수되는 것이 아니기 때문이다. 그것들은 우리가 이 땅에서 사는 끝 날까지 이어진다. 이 때문에 나는 초자연적 사역 학교 School of Supernatural Ministry에서 학생들에게 이렇게 말한다.

"누구라도 하나님을 위해 1년 동안 불타오를 수 있습니다. 20년 후에 봅시다. 저한테 커피 한 잔 사주세요. 그리고 그때도 타오르고 있는지 얘기해 주세요."

그렇게 얘기하고는 내가 스스로를 강하게 하기 위해 배운 도구들에 대해 가르쳐 주면서 학기 대부분을 보낸다. 학교에 오는 값을 치르려면 학생들이 충분한 결단력을 가지고 있음이 분명하다. 하지만 스스로를 섬기는 도구를 발견해 사용하지 않고는, 확신하건대 그들에게 최초로 주어진 갈망을 유지할 수 없을 것이다. 안타깝게도 나는 이 능력이 부족한 결과로 탈진이나 도덕적 실패에 시달리는 그리스도인 지도자들을 너무나 많이 알고 있다.

스스로를 강하게 하는 방법이라는 것이 독립적 생활 방식을 개발한다는 의미가 아님을 분명히 하고 싶다. 신자로서 우리의 생활 방식은 항상 그리스도의 몸을 섬기고 사랑하고, 서로 의지하는 것에 초점이 맞춰져 있다. 하지만 주변 사람들을 축복할 수 있기까지 성숙해지고 은혜 안에 자라가기 위해, 하나님께서는 어려움과 시험 가운데 홀로 서야 하는 순간들을 가져다 주신다. 하나님께서는 그 순간들 가운데 가장 친한 친구들의 눈을 가리고 귀를 멀게 하기까지 우리가 스스로를 섬기는 법을 배우게 하신다. 이것을 인정해야 하는 것은, 비통함에 빠져 어려울 때에 친구들이 아무 도움이 되지 않는다고 생각하는 신자들을 너무나 많이 알고 있기 때문이다. 이 교훈을 알려 주고자 하시는 하나님의 우선 순위를 이해하면 이 덫을 피하는 데에 도움이 된다.

생활 방식으로서의 승리

이 책은 주님께서 스스로를 강하게 하도록 내게 가르쳐 주신 도구들을 나누기 위해 쓰는 것이다. 나의 목적은 성경에 나오는 도구들을 장황하게 열거하는 것이 아니고, 수렁에서 보낸 힘든 시간들 가운데 나를 일으킨 것들을 보여 주려는 것이다. 하나님께서 여러분의 무기고 가운데 넣어 두신 것들에 대해 읽을 때, 자신의 삶에 대한 사명의 확신이 심령 가운데 더 깊이 뿌리 내리기를 갈망한다.

주님께서는 위대한 승리를 위해 우리를 무장시키셨다. 돌파가 아니라 우리 주변에 하나님의 주권을 풀어놓고 확립시키기 위해서 말이다. 하지만 그 승리 가운데 설 수 있도록 스스로를 강하게 하는 이 도구들을 이용하는 것은 우리의 책임이다. 일생일대의 초대가 여러분 앞에 있다. 하나님과 동역하고, 그분께서 선택하신 왕이요 제사장으로서 은혜의 자리에 동행하자고 부르시는 것이다. 그 도전에 부응하자!

사명에 붙들려 있으라

∞

원수는 우리가 가지고 있는 해법보다
문제가 더 커 보이도록 거짓말을 한다

하나님께서는 결코 우리가 실패하게 두지 않으신다.
오직 성장하게 해주실 뿐이다.

∞

그리스도인으로서 삶의 모든 면면을 예의주시한다는 것은 압도적일 수 있다. 사실 주의를 기울여야 할 책임의 목록은 끝이 없는 듯하다. 직계 가족 내외의 관계적 문제가 있고, 직장, 사역, 공동체 참여, 전도의 문제가 있다. 그리고 기도, 개인 성경공부, 증거, 단체 모임, 금식 등 크리스천 제자도의 문제가 있다. 물론 목록은 계속 이어진다. 그리고 엎친 데 덮친 격으로, 대부분의 사람들은 간단한 문제를 복잡하게 하는 데에 꽤 능통하다. 하지만 예수께서는 단순한 생활 방식의 본을 보이셨다. 걱정 없는 삶이다. 무책임한 것이 아니라, 단순히 걱정하지 않는 삶. 솔로몬이 이렇게 말한 걸 보면 하나님의 이 위대한 왕국적 생활 방식에 대한 열쇠를 깨달았던 듯하다.

"모든 지킬 만한 것 중에 더욱 네 마음을 지키라. 생명의 근원이 이에서 남이니라(잠 4:23)."

우리 삶의 모든 문제들은 하나의 중심 자리, 즉 마음으로부터 강처럼 흐르고, 그 한 자리를 청지기로서 어떻게 지키느냐가 우리 삶의 결과를 판가름한다.

우리는 매일 기로에 살고 있다. 비밀과 계시 사이의 그 자리. 우리가 할 일은, 이해할 수 없는 문제와 상황들에 대해 하늘 아버지를 신뢰하고, 우리가 아는 한 참된 것에 우리의 뜻을 지키는 일에 집중하는 것이다. 마음을 지키는 데에 성공하느냐가 삶 가운데 경험할 왕국적 돌파의 정도를 결정 짓는다. 다시 말해, 내면의 실재가 많은 경우 외면의 실재의 성질을 규정한다. 마음 가운데 번영한다면, 우리의 삶도 번영할 것이다.

주 안에서 스스로를 강하게 하는 일은 마음을 지키는 일의 본질적인 부분이다. 내가 주 안에서 스스로를 강하게 하는 데에 사용하도록 배운 도구들은 내 마음의 경고등에 대한 계산된 응답이 되었다. 하지만 사실, 마음이 보내는 신호를 미리 인식하고 이해할 때에만 옳게 반응할 수 있다. 차에 주유등이 켜졌는데 세차하러 가는 반응을 보인다면, 분명 그 등의 의미를 이해하지 못하는 것이다. 더 심각한 문제는, 진짜 문제가 해결이 안 되었기에 곧 고장이라는 현상이 나타날 것이라는 사실이다. 마음에 관해서라면, 스스로를 강하게 하기 위해 사용하도록 받은 도구들을 바로 쓸 수 있는 유일한 방법은 내 사고 가운데 근본적 진리들을 확립하는 것이다. 현실의 성질에 대한 진리, 하나님께서는 누구신가, 그분께서는 나를 어떤 존재로 만드셨는가. 이러한 진리들은 마음의 신호를 식별해 내는 데에 도움이 된다.

이번 장에서는 이러한 생각들을 나누려 한다. 이는 내가 스스로를 강하게 하는 데에 사용하는 도구들을 이해하는 바탕이 될 것이다. 그 유익한 도구들에 대해서는 책의 나머지 부분에서 다루겠다.

바라보는 상태에서 되는 상태로

우리의 생각과 마음이 긴밀하게 연결되어 있음을 아는가? 서구의 사고 방식은 느낌과 생각에 대하여 마음은 느끼는 것이고 이성은 생각하는 것이라고 인간을 구분한다. 하지만 성경은 말씀한다.

"대저 그 마음의 생각이 어떠하면 그 위인도 그러한즉…(잠 23:7)"

사실 "마음"이라는 히브리 단어의 정의는 우리 "속 사람" 전체를 아우른다. 마음은 우리의 생각, 상상, 의지, 갈망, 감정, 애정, 기억, 양심이 자리하는 곳이다. 또한 하나님의 영과 교통하는 중심이며, 영적 실체를 인식하는 능력을 가지고 있다. 성경은 이 영적 인식을 "마음의 눈"이라고 일컫는다. 그러므로 마음은 "보이지 않는 것들의 증거(히 11:1)"인 믿음을 가질 수 있게 해주는 것이다. 믿음은 성령의 인도하심을 받아 마음에서 자라며, 영적 실재의 보이지 않는 영역을 인식하고 이해한다. 그 보이지 않는 영역은 보이는 영역을 주관하며, 우리의 생각과 의지가 하나님 왕국의 실재와 합치하게 해준다. 본질적으로 이 모든 설명은 생각을 새롭게 하는 과정이다.

우리 내면은 영적 실재에 **초점**을 맞추고 뜻을 같이한다. 진리 위에 세워진 하나님 왕국의 실재이든 거짓을 기초로 한 원수의 왕국의 파괴적 실재이든, 그것이 "삶의 문제들"로 흘러 나오도록 허락하는 것이다. 우리의 초점을 통한 영적 실재와의 합의의 능력은 마음으로부터 삶이 흘러나온다는 원리에 또 다른 차원을 더해 준다.

우리는 우리가 보는 것이 된다. 앞 장에서 밝혔듯, 하나님께서는 우리가 무엇이 되고 있는지를 분명히 하셨다. 우리는 평생을 통해 그 잠재력에 이르도록 부르심 받았다. 우리의 큰형님 예수의 이끄심을 따라, 이 땅의 왕과 제사장이 되어가고 있다. 이러한 연유로 히브리서는 **시선을 예수께 고정하라고** 말씀하는 것이다(히 12:2 참조). 우리의 목표는 그분께 대한 초점을 고정하는 것이다. 왜냐하면 우리는 우리가 바라보는 분처럼 되기 때문이다. 우리가 우리의 정체성과 목적—우리가 무엇이 되어가고 있는가—을 얼마나 이해하는가는 항상 예수의 계시를 얼마나 받느냐에 좌우된다. 그분께서는 아버지를 정확하게 투영하시며, 우리는 아버지의 형상대로 창조되었다.

예수를 바라보는 것을 성경에서 그분에 대해 읽는 것으로 절하시킬 수는 없다. 예수께서는 그분 안에, 그리고 위에 있어 아버지의 말쏨과 역사에 계속적으로 접근할 수 있게 해주었던 것과 동일한 성령이 내려와 우리 안에 거할 수 있게 하시려고 죽으셨다. 모든 신자는 하나님의 현저한 임재에 대한 접근권이 있다는 것이 진리다. 우리는 열린 하늘이다. 하지만 우리는 그 접근권을 취해 사용해야 하며, 그러려면 우리의 초점을 그분께로 옮겨야 한다. 그러한 주님과의 교통의 자리에서만 그분을 알게 되며, 그 결과로 우리의 정체성과 목적에 대한 계시를 받게 된다. 그분의 정체에 대한 계시에 동의할 때, 그분의 존재의 실재가 우리 삶에 흘러 들어와 그분을 닮도록 우리를 변화시키기 시작한다. 삶의 모든 풍성한 열매는 주님과의 이 친밀한 처소에서 흘러나온다.

보이지 않는 세계에 동의하라

주님과의 교통이 우리 삶의 능력의 근원이요 이 땅에서 왕과 제사장으로서 우리의 영원한 목적에 연결시켜 주는 것이기에, 어둠의 왕국은 일반적으로 우리를 그로부터 몰아내어 다른 것에 초점을 두게 하려 한다. 권세를 위임 받은 위치에 있는 우리의 임무가 원수의 역사를 파괴하는 것임을 그는 안다. 하나님 왕국의 보이지 않는 실재와 우리 상황의 구속되지 않은 실재 간 거리를 좁히는 것 말이다. 우리의 물리적 상황이라는 열등한 실재는 항상 왕국의 우월한 실재에 굴복한다. 하지만 우리는 마음과 생각이 그에 합의된

만큼만 그 왕국을 풀어낼 수 있다. 그러므로 원수는 고소와 위협의 거짓말들을 사용해 우리 삶의 문제와 갈등들—천상의 실재와 지상의 실재 간의 부조화로 인한—이 우리가 가진 해법보다 더 커 보이게 만든다.

보이는 영역과 보이지 않는 영역 간의 충돌을 마주하는 순간에, 하나님께도 뜻이 있고 원수도 뜻이 있다. 우리는 항상 둘 중 하나와의 협력을 선택한다. 그렇게 할 때, 우리는 그 상황이 우리의 성품과 믿음을 증명하고 강하게 하여 우리의 목적 가운데 행할 수 있도록 하고, 하나님께 우리에게 그분의 더 많은 것을 맡겨 주셔도 됨을 보여 드리는 시험인지 혹은 하나님께로부터 멀어져 쓴 뿌리와 의심, 불안, 실망으로 향하게 하는 유혹인지를 결정하는 것이다. 이 선택은 정말 생각할 필요가 없는 것이어야 한다. 마귀의 궤계를 누가 신경 쓰는가? 하나님의 뜻은 너무나 영광스럽고, 우리의 삶을 향한 그분의 사랑과 목적은 너무나 위대하여, 다른 모든 것은 비교하기가 무색해진다. 우리 모두는 느헤미야와 같이 되어야 한다. 그는 이스라엘의 적들이 그를 도성 밖으로 끌어내어 오노 평지에서 이야기를 하려 했을 때 이렇게 말한 사람이다.

"내가 이제 큰 역사를 하니 내려가지 못하겠노라. 어찌하여 역사를 중지하게 하고 너희에게로 내려가겠느냐?(느 6:3)"

하지만 우리는 하나님을 위해 위대한 일, 하나님께서 위임하신 일을 하고 있다는 굳은 확신이 있을 때에만 대적을 위로할 수 있다.

우리가 받는 위임*co-mission*은 하나님의 주요한 작전*mission*에 대한 우리의 순복*sub-mission*으로 말미암는다.

"하늘에서 이루어진 것과 같이 땅에서도 이뤄지이다."

오로지 하나님께 대한 열정적 헌신과 우리에게 주신 정체성과 목적에 대한 흔들림 없는 확신만이 우리를 산란케 하려는 대적의 결단보다 강할 것이다. 우리의 목적에 확신이 없다면, 대적의 거짓말에 놀아나 그의 파멸을 삶에 불러들이게 될 것이다. 이 확신과 열정을 얻는 열쇠는, 이번에도 주님과 우리를 향하신 그분의 말씀에 지속적으로 초점을 두는 것이다. 성경에서 이스라엘이 하나님과의 언약을 왜 지키지 못했는가를 가장 예리하게 설명한 것은 예레미야애가 1장 9절이다.

"그의 나중을 생각하지 아니함이여 그러므로 놀랍도록 낮아져도…"

예루살렘에는 놀라운 사명이 주어졌다. 하지만 그것을 생각하지 못하여 놀라운 낮아짐으로 이어졌다. 이스라엘의 파괴는 그 위대함에 대한 잠재력에 비례하는 것이었다. 인간이 엄청난 파괴와 악을 행할 수 있는 가능성의 이유는, 우리가 하나님의 창조 가운데 위대함을 두고 볼 때 가장 큰 잠재력을 가진 존재들이기 때문이다. 위대한 목적이냐, 위대한 파괴냐의 열쇠는 우리가 어디에 지속적인 초점을 두기로 하느냐에 달렸다. 이 사실을 알 때 우리는 주님과의 친밀한 관계를 빈틈 없이 지켜내게 될 것이다.

개인의 승리, 집단의 축복

이것을 알아챈 이도 있을지 모르지만, 다윗이 견뎌야 했던 시험들은 정체성과 목적에 대한 집중력을 유지할 수 있는지를 구체적으로 다룬 시험들이었다. 그는 삶 가운데 주신 하나님의 말씀과 정면 반박되는 상황들 속에 들어가 시험을 받았다. 그가 할 일은 원수의 책략을 무시하고 하나님께서 찾으시는 성품을 강하게 계발하는 것이었다. 마치 하나님께서 이렇게 말씀하신 것과 같다.

"좋아 다윗, 나는 너를 내 마음에 합한 사람으로 불렀고 이스라엘의 왕으로 기름 부었다. 그것이 너의 사명이야. 지금 네 자리에 있는 자가 너를 공격하고 쫓아오고, 너의 사명을 이루지 못하도록 온갖 일을 벌이더라도 내 마음을 지키는 왕이 되겠니? 네가 통치해야 할 유대 민족이 너를 적에게 넘겨주고자 할 때에라도 그 왕이 되겠니? 너의 군대가 어중이떠중이들로 구성되었다 해도 그 왕이 되겠니? 네 궁정이 광야의 동굴이라도 그 왕이 되겠니? 그리고 네 가장 친한 친구들이 너를 버리고 네 목숨을 위협할 때에도 그 왕이 되겠니? 네가 내 안에서 스스로 강하게 할 수 있다면, 모든 상황이 맞았을 때 너는 그 왕이 될 신임을 받을 수 있다."

다윗의 행동은 자신의 삶에 대한 하나님의 약속을 믿었음을 증명했다. 마찬가지로 우리 삶의 어려움들은 우리가 하나님께서 우리를 위하시고 우리의 사명에 대한 그분의 말씀이 진리임을 얼마나 진심으로 믿는지를 드러낸다. 이것이 믿음의 본질이다. 진리에 대한 지적 동의가 아니라, 하나님과의 관계를 통해 그분께서 누구이신지를 앎을 토대로 표현하는 실질적 믿음이다. 우리는 주변의 모든 상황 가운데서 그분의 목소리를 듣기로 선택하고 그 말씀에 따라 상황에 반응할 때 그 믿음을 표현하는 것이다. 다윗이 시험 가운데서 자신을 강하게 하기 위해 사용한 도구들은 그가 하나님과 그분의 말씀에 계속 연결되어 있도록 해준 활동들이었다. 왜냐하면 이 시험들 가운데 다윗이 한 행동은 그의 인생에 주신 하나님의 말씀과 일관되었으며 그의 주변인들에게 목적을 나타내었기 때문이다.

나는 감히 다윗이 스스로를 강하게 하고자 한 일들이, 그가 시험의 때에 들어가기 전에 주님과 연결되고자 했던 일들과 동일한 것이라고 말하고 싶다. 그는 그곳에서 마주할 시험들에 대한 도구가 없이 광야로 들어가지 않았다. 하나님께서 그를 그리로 데려가신 것은, 준비가 되었기 때문이었다. 아직 왕위를 차지할 준비는 안 되었지만, 난이도 면에서 점점 어려워진 일련의 시험들에 대한 준비는 갖추어 그것들을 견딜 힘이 있음을 증명한 것이다. 이는 하나님의 성품에 대한 진리 하나를 계시해 주는데, 그것은 우리가 삶에서 어려운 일을 만날 때 그것이 그분을 신뢰할 수 있는 타당한 이유가 되는 것이다. 그 진리는 우리가 살아가는 매순간에 준비되어 있어야 한다는 것이다. 왜냐하면 하나님께서는 결코 거기에 필요한 도구를 미리 주지 않으시는 일이 없기 때문이다. 우리는 하나님 성품의 이러한 면을 출애굽 이야기의 한 장면에서 볼 수 있다.

"바로가 백성을 보낸 후에 블레셋 사람의 땅의 길은 가까울지라도 하나님이 그들을 그 길로 인도하지 아니하셨으니 이는 하나님이 말씀하시기를 '이 백성이 전쟁을 하게 되면 마음을 돌이켜 이집트로 돌아갈까' 하셨음이라(출 13:17)."

하나님께서는 이스라엘 백성들이 직면할 준비가 되지 않은 도전으로부터 거리를 두게 하셨다. 필연적 진리는 하나님께서 그들로 향하게 하신 전투와 시험들은 이미 그들을 준비시켜 두신 것들이었다는 것이다. 하나님께서는 좋은 아버지시다. 결코 우리가 실패하도록 두지 않으신다. 오직 성장하게 해주실 뿐. 우리가 자녀들에게 준비가 안 된 도전을 마주하도록 하지 않을 것과 같이 하나님께서도 그러하시다. 결단코 우리가 실패하게 두지 않으신다. 성장하게 해주실 뿐이다!

계시의 모퉁이돌 — 선하신 하나님

나는 많은 성도들이 위기의 한가운데서 두려움과 불안의 덫에 빠지는 이유가 그들의 무기고에 이미 필요한 도구가 주어졌고 준비가 되었다는 사실로부터 시선을 돌리는 데에 성공하도록 원수를 내버

려두기 때문이라고 본다. 예상치 못한 사건들 때문에 급습 당한 기분이 드는 것은 자연스러운 일이다. 하지만 하나님께서는 결코 놀라지 않으신다. 그 때문에 하나님께서는 다가올 것들을 위해 우리를 준비시키시는 것이다. 주님께서 내다보시고 우리를 준비시키심을 기억하는 것은 간단한 일이지만, 어려움이 닥쳤을 때 우리의 반응에는 엄청난 차이가 나타난다. 우리 마음이 하나님의 성품에 대한 이 진리에 닻을 내리고 있을 때는 도전에 맞서기 위해 창고에서 도구를 꺼내 사용하려는 경향이 짙을 것이다. 우리에게서 자동적으로 나오는 반응의 기반은 하나님께서는 선하시되 늘 선하시다는 불타오르는 확신이다! 그분의 선하심을 의심하거나 우리가 이해하지 못하는 것들에 대한 해명을 꾸며내거나(수많은 나쁜 신학의 근원), 불안과 실망에 빠지는 것은 우리가 할 일이 아니다. 차에 연료 부족을 표시하는 등이 들어왔을 때에 할 일을 정확히 아는 것과 같다. 하나님의 선하심이라는 진리가 우리 심령에 굳게 자리잡고 있지 않을 때, 우리는 갈등 가운데 우리의 목적에서 벗어나게 될 뿐만 아니라, 도전을 마주하기도 전에 하나님께서 우리를 준비시키고 주신 도구들을 인식할 마음의 민감함과 믿음도 없게 된다.

이 교훈을 예수의 제자들에게서 배울 수 있다. 오병이어의 기적을 본 지 얼마 지나지 않아 제자들은 갈릴리에서 폭풍 한가운데에 놓인 배에 타고 있었다. 폭풍 중에 예수께서는 물 위를 걸어 그들에게 다가오사 폭풍을 잠잠케 하셨다. 제자들은 예수께서 능력을 보이심과 자신들의 믿음 없음에, 그리고 어쩌면 자기 스스로의 권능으로 또 다른 장애물을 마주할 준비가 안 되었음에 압도되었다. 그들의 반응에 대해 마가는 이렇게 설명했다.

"이는 그들이 그 떡 떼시던 일을 깨닫지 못하고 도리어 그 마음이 둔하여졌음이러라(막 6:52)."

공생애 중 이 시점에 예수께서는 자신이 하신 일을 제자들이 할 수 있도록 훈련시키고 계셨다. 그들이 보는 앞에서 행하신 모든 기적은 하나님의 성품에 대한 교훈이요 그 계시로부터 살아가라는 초대였다. 폭풍을 잠잠케 하시면서 예수께서는 하나님의 능력과 권세의 한 차원을 보여 주신 것이다. 그것은 앞서 오병이어의 기적에서 보여 주신 능력 및 권세와 논리적으로 연결되는 것이다. 주님께서는 마치 곱셈을 가르쳐 주시고서 대수학으로 넘어가시려던 것 같다. 하지만 그들은 첫 번째 수업을 이해하지 못했기 때문에 넘어갈 수 없었다.

그들은 왜 오병이어의 교훈을 이해하지 못했을까? 그들의 마음은 굳어 있었다. 하나님께서 누구신가에 대한 기본적 믿음이 부족했고, 그분께서 그들이 인생과 사역을 위해 준비되도록 가르쳐주고 계신 교훈들을 배울 수 있도록 역사하시는 방법에 대한 이해가 부족했다. 이번 경우에는 또 다른 폭풍을 어떻게 맞을 것인가였다. 얼마나 정신이 번쩍 들게 하는 교훈인가? 주님의 계명에 완벽하게 순종하고(가능한 음식을 얻고 그것을 수많은 무리에게 나눠 주는) 기적이 일어나도록 하는 데에 사용되며, 그럼에도 불구하고 굳은 마음 때문에 하나님께서 쓰라고 주신 도구를 받아들이지 못했다니 말이다. 예수께서는 꾸짖으심으로 그들이 기적 때에 놓친 것들을 되찾아 회개할 수 있는 기회를 주신 것이었다.

어려운 상황 가운데서 하나님께서 행하고 계신 일에 연결하는 능력은 그분께서 어떤 분이시고 우리 삶 가운데 어떤 일들을 행하셨는지를 기억하는 능력에 달렸다. 우리와 주님의 관계의 역사 말이다. 현재 우리의 힘과 이해를 넘어서는 듯한 상황을 마주하고 있다면, 그래서 지난 12개월가량 주님과의 역사를 리허설하는 데에 시간을 좀 들이고 있다면, 언제고 하나님께서 무기고에 넣어두신 도구─예언적 말씀, 눈에 보이게 튀어나오는 성경 구절, 기도 전략 등, 즉 현재의 상황을 극복하는 데에 열쇠가 되는 무언가─를 발견할 수 있을 것이다. 또한 하나님께서 주신 것들로부터 멀어지게 만든, 굳은 마음이 조금이라도 있다면 회개를 해야할 수도 있다.

자신이 위대한 정체성과 목적을 가진 사람이라는 것을, 지금 마주한 일을 감당할 준비가 되었음을, 그 목적에 대해 신실하기로 결정을 하는 우리를 지원하고자 온 하늘이 대기 중임을 확신하게 될수록 우리의 삶에 가장 크게 작용하는 힘이 어떤 것인지에 대한 인식이 점점 전환될 것이다. 그 인식은 우리 주변을 둘러싼, 보이지 않는 실재에 대한 교훈들을 열어 줄 것이다. 그러한 전환은 배움을 자연스럽게 해준다.

요셉이 이것을 발견했다. 자신의 사명에 이른 그는 형들의 악한 계획보다 더 큰 하나님의 계획과 목적에 담긴 가속도와 힘을 보았다. 그는 이렇게 말했다.

"당신들은 나를 해하려 하였으나 하나님은 그것을 선으로 바꾸사 오늘과 같이 많은 백성의 생명을 구원하게 하시려 하셨나니(창 50:20)."

이 발언은 형들이 요셉의 삶에 영향을 미친 선택들을 했다는 현실을 부정하지 않지만, 그 계획들이 요셉을 향한 하나님의 목적을 취소시킬 수 없었다는 더 월등한 실재에 초점을 맞추고 있다. 사실, 그 악한 의도는 하나님께서 요셉을 승진과 하나님의 약속의 궁극적 성취로 이끄시는 데에 사용하신 도구가 되었다. 하나님께서는 악을 창조하시지 않지만, 악은 그분께서 우리 안에 행하고자 목적하신 일들을 성취할 수 있는 능력을 제한하지 않는다.

갈등의 유익

이것은 대적이 무엇을 계획하든 결코 염려하지 말아야 할 또 다른 이유다.(우리에게 분별력이 필요함을 부인하는 것이 아니다. 하지만 우리는 절대 분별하려고 마귀에게 쓸 데 없는 주의를 기울이지 말아야 한다. 분별력이라는 것은 원천적으로 어떤 통로를 통해 대적의 목소리가 들려오는지를 알아내 "음소거"를 시킬 수 있도록 주어진 것이다.) 마귀는

한 번도 하나님께 위협이 된 적이 없다. 하나님께서는 일순간에 어둠의 왕국을 통째로 쓸어버리실 수 있다. 그렇지만 하나님의 형상대로 지어져, 하나님께서 어떤 분이신지 보일 수 있는 아들 딸들과 함께 승리를 공유하는 것이 더 유익하고 더 영광스러우리라고 판단하셨다. 그리고 바로를 이스라엘의 원수로 사용하셨던 것처럼, 주님께서는 그분의 목적을 달성하기 위해서라면 마귀를 저당잡아 두실 수도 있다. 시편 105편은 이스라엘이 이집트로 갔다가 승리로 대탈출했던 역사를 다시 기술한다.

> 여호와께서 자기의 백성을 크게 번성하게 하사 그의 대적들보다 강하게 하셨으며 또 그 대적들의 마음이 변하게 하여 그의 백성을 미워하게 하시며 그의 종들에게 교활하게 행하게 하셨도다. 그리하여 그는 그의 종 모세와 그의 택하신 아론을 보내시니 그들이 그들의 백성 중에서 여호와의 표적을 보이고 함의 땅에서 징조들을 행하였도다… 마침내 그들을 인도하여 은 금을 가지고 나오게 하시니 그의 지파 중에 비틀거리는 자가 하나도 없었도다. 그들이 떠날 때에 이집트가 기뻐하였으니 그들이 그들을 두려워함이로다.(시 105:24~38)

이 구절은 기본적으로 하나님께서 싸움을 걸기 위해 이스라엘을 이집트에 보내셨다고 말씀한다. 하나님의 백성이 대적에게 위협이 되기까지 복 주시고 번성케 하셨다가, 대적에게 가서 그들의 마음을 굳게 하시고 그들을 자극하셨다. 이러한 신성한 구성이 그분께서 그분의 백성 대신 일어나사 이사를 보이시고, 이집트 사람들에게 재앙을 쏟아 부으시며 이스라엘 백성들이 전리품을 안고 오게 하신 것을 정당화한다. 얼마나 대단한 전략인가!

그러니 하나님께서는 우리를 갈등에 대비시켜 주실 뿐 아니라, 갈등의 한가운데로 이끌고 가신다. 하나님께서 인생의 곤란의 원인이라는 이야기가 아니다. 하나님께서는 자녀들에게 그리스도를 더 닮는 법을 가르쳐 주시려 고문과 질병과 핍박을 가져다 주시는 아버지가 아니시다. 그러신 적도 없다. 요점은 우리가 하나님께서 주신 목적을 추구할 때 삶의 모든 상황이 합력하여 그것을 달성하게 된다는 것이다. 하나님께서는 어느 쪽으로든, 양쪽 모두를 사용하셔서도 승리하실 수 있기 때문에 우리는 하나님의 목적 없이 갈등의 순간을 살 필요가 없다.

하나님께서는 이미 이기셨다. 우리가 할 일은 십자가의 승리라는 실재에 우리의 마음을 맞추어, 우리 주위에 역사하고 있는 주님의 목적과 구속을 보도록 하는 것이다. 그러면 우리가 처한 상황 가운데 어떻게 하늘과 협력할 수 있는지를 알아보게 될 것이다. 이러한 관점을 가진 이들이 두드러지는 것은, 문제를 마주할 때 기뻐하기 때문이다. 이들은 불가능과 문제들이 예수 이름 앞에 무릎 꿇는 모습을 보는 것이 자신들의 과제요 특권이며 기쁨임을 안다.

전투의 최전선이 가장 안전한 곳

신자 각 사람이 자신의 재능과 은사에 상응하는 과제를 받지만, 이 과제들은 하나의 목적을 성취하기 위해 합력한다. 그것은 곧 하나님의 왕국을 "**하늘에서와 같이 땅에서도**" 확립하는 것이다. 성경은 이 왕국이 "**강력하게 전진한다**(마 11:12 참조)"고 말씀한다. 먼저는 우리 자신의 삶에서 육의 사람의 태도를 몰아내고, 또한 주위의 마귀의 역사를 멸하기 위해. 이 과정의 격렬함은 때로 감당하기 어려울 듯 보일 수도 있지만, 그리스도인의 삶에서 방어적이고 보수적인 접근을 택하는 것보다는 이 갈등의 한가운데 머무는 것이 더 안전하다. 삶의 어느 순간에라도 우리가 거할 수 있는 가장 안전한 곳은 열정적으로 하나님과 그분께서 우리를 부르신 목적을 추구하는 것이다. 우리가 가진 것을 지키려 방어적 자세로 사는 것은 매우 위험하다. 한 달란트를 묻어둔 사람에게 물어보면 답이 나온다 (마 25:18~28 참조).

우리의 과제요 사명은 하나님의 왕국을 전진시키는 것이요 여기에는 주변에 어떤 일들이 벌어져도 우리 삶을 보존해 주는 은혜와 호의의 우산이 함께 임한다. 하나님의 왕국을 추구하는 데에 있어 뒷짐을 지는 순간, 우리는 기만이라는 불화살에 노출되게 된다.

이러한 실재에 대한 진리를 우리의 사고 가운데 확립시킬수록 우리는 마음을 지키는 일의 우선됨을 더 잘 이해하게 된다. 우리의 사명은 마음에서 시작되는 것이다. 마음의 눈으로 예수의 얼굴을 오래 바라볼수록, 우리가 어떤 존재가 되어가고 있는지를 잘 볼 수 있게 된다. 더 많은 에너지와 생각을 우리의 사명에 집중시킬수록, 우리의 열정과 확신은 커지게 된다. "나는 하나님을 위해 살며 불타오른다. 그분을 알리기 위해 살아 있다." 그 열정과 확신은 이 한 가지를 추구하기 위한 가속도를 붙여 주고, 거기서부터 다른 모든 열정과 목적이 흘러 나온다. 우리가 추구하는 바가 하늘을 끌어 당겨 우리로 하여금 그 사명 가운데로 들어가게 하는 것이다.

그러므로 나의 사명을 향해 가는 대로에서 다양한 도전과 장애물들을 마주할 때, 나는 내 마음의 경고등을 주시하고 있다. 생명의 근원되신 분과의 연결을 유지해야만 한다. 정말로 불은 하나뿐이니 곧 기름 불이다. 주님의 임재의 기름이 내게 필요한 모든 것을 주고 나의 목적을 성취할 수 있도록 기름 붓는 것이다. 하지만 주님께서는 내가 빈틈없이 지키고자 하는 만큼의 임재만을 허락하신다. 그러므로 주님의 임재를 탁월하게 지고 갈 수 있도록 모든 에너지를 쏟을 의지력과 성품을 길러야만 한다. 마음의 불을 돌보는 일로부터 나의 시선을 빼앗는 상황들이 닥칠 때 우리는 한순간도 확보하기 어렵다. 그 불을 내 스스로 돌봐야 하는 순간에조차 말이다.

감사로 지옥을 무장해제시키는 법

∽

감사는 우리를 건전하고 생기 있게 지켜준다

∽

믿음의 승리

우리가 거듭났을 때, 하나님을 기쁘시게 하고 그분의 뜻을 행하려는 갈망은 우리의 본성에 속하게 되었다. 만들어낼 필요가 없는 것이다. 저절로 된다. 많은 신자들이 알지 못하는 것은, 하나님께서 그 갈망을 우리 안에 두시고서 그분의 뜻을 너무나 모호한 것으로 만들어 우리가 발견도 성취도 못 하게 하지 않으신다는 것이다. 하나님의 뜻은 예수 그리스도와의 친밀한 관계를 통해 본능적으로 신자들의 뜻이 된다.

하나님의 뜻은 복잡한 것이 아니다. 많은 젊은이들이 내게 기도를 요청하며 이렇게 말한다.

"그냥 제 삶을 향한 하나님의 뜻을 알고 싶어요."

많은 경우 나는 그들이 이미 하나님의 뜻을 알고 있다고 말한다.

주님의 기도에서 찾을 수 있기 때문이다. "아버지의 뜻이 하늘에서와 같이 땅에서도 이루어지게 하소서(마 6:10)." 하나님의 뜻은 다른 게 아니라 하늘의 실재가 땅에서도 실재가 되는 것이다.

"하늘에서와 같이"를 성취하는 데 있어서 우리의 역할

우리는 하나님께서 위임하신 권세를 가진 자들이다. 그 때문에 우리의 순종은 하나님의 뜻이 이 땅에 성취하도록 하는 데에 중요한 역할을 한다. 데살로니가 전서 5장 16~18절을 보면, 바울은 이렇게 지시한다.

"항상 기뻐하라. 쉬지 말고 기도하라. 범사에 감사하라. 이것이 그리스도 예수 안에서 너희를 향하신 **하나님의 뜻이니라**."

이 말씀에서 두 가지가 눈에 띈다.

첫째, 하나님의 뜻은 단순히 우리가 의사나 교사가 된다든지, 빵에 참치나 땅콩 버터를 발라 먹는다든지 하는 것에 초점을 두는 것이 아니다. 모든 상황 가운데, 항상 하나님과의 관계 안에 마음을 두기 위해 무엇을 하느냐에 초점이 있다.

둘째, 기뻐하고 기도하고 감사하는 것은 모두 우리의 의지적 행위다. 특히 어렵고 연약하고, 불확실할 때 믿음을 요구하는 행위인 것이다. 우리의 초점을 하늘로 이끌어, 육체적 감각 및 감정이 어떻게 느끼고 인지하든 상관 없이 진리인 것과 뜻을 같이하도록 하는 활동이다. 그리고 하늘의 힘과 실재를 삶과 상황 가운데로 이끌어 오는 것이 우리의 동의이기에, 이러한 행동들이 주기도문에 표현된 하나님의 뜻을 성취하는 것이라 볼 수 있는 것이다. **하늘에서와 같이 땅에서도.** 마음의 변화가 하늘을 땅으로 이끌어 오는 첫 걸음이다.

기쁨과 기도, 감사는 하늘을 끌어당기기에, 주님 안에서 우리 스스로를 강하게 하는 데에 필수적 도구다. 이 모든 것은 우리 삶에 지속적으로 일어나야 하는 것임을 알 수 있을 것이다. 위기 때나 명절 때를 위해 쟁여 두는 것이 아니다. 생활방식인 것이다. 섬기기 위해 사용하는 모든 도구들이 그렇듯 말이다. 이에 대한 커다란 이유는 위기와 곤란의 한가운데서 가만히 앉아 어떻게 반응해야 할지 생각해 내기가 불가능에 가까울 정도로 어렵기 때문이다. 곤란은 우리의 삶과 생각이 하늘의 관점으로 얼마만큼 변화되었는지를 드러내 주는 방법이다. 그래서 어떠한 반응들은 습관적이 된다. 우리가 생활 방식으로서 행하는 일들은 곤란한 때를 위해 무장시켜 준다.

다음 두 장에서는 여호와께서 내게 가르쳐 주신 **기뻐하고 기도하는** 몇 가지 방법과 이것들이 어떻게, 왜 힘을 주는지에 대해 깨달은 통찰력들을 나누고자 한다. 하지만 지금은 **감사**에 대해 이야기 해 보자.

감사는 인생이 하나님께로부터 온 선물이며, 그분께 모든 주권이 있다는 진리를 인정함으로 하늘과 뜻을 같이하는 것이다. 하나님께서는 사치스러울 정도로 관대하시고, 주님께서 주신 이 땅에서의 삶은 생존의 삶이 아니라, 풍요와 축복의 삶이다. 하지만 받은 것들을 제대로 식별하지 못하면, 그 삶을 경험할 수 없을 것이다. 그것이 선물을 받는 것의 실제다. 무엇을 받았는지 이해하지 못하면, 그 목적을 이해하고 그 혜택을 누리는 일은 없을 것이다.

크리스마스 아침을 상상해 보라. 지난 몇 달 동안 식구들 각자의 관심과 갈망을 친밀하게 알고 있다는 것을 보여 주기 위해 독특한 선물을 구경하고 사는 데에 시간을 보냈다. 각자에게 즐거움과 유익을 줄, 최고 품질의 선물들을 사는 데에 비용을 아끼지 않았다. 하지만 식구들이 크리스마스 트리에 올 때, 한 사람은 선물들을 완전히 무시해 버린다. 다른 사람은 그 선물을 열어보지만, 그 만들어진 목적과 다른 용도에 사용한다. 또 다른 사람은 그냥 선물을 들고 있지 포장을 뜯어보려 하지 않는다. 최악인 것은 그중 아무도 그 선물이 내가 준 것임에 고마워하지도 않는다는 것이다. 이러한 반응들은 어리석을 뿐 아니라 관계에 깊은 해를 끼친다는 것을 알겠는가?

슬프지만 많은 그리스도인들이 하나님의 선물, 특별히 성령의 은사를 받고서 이렇게 반응한다. 너무나 많은 이들이 선물이 무언지 모르거나 그 사용법을 모르기 때문에, 주님께서 주신 것을 받는 데에 실패한다. 그리고 이런 바보 같은 말을 한다.

"뭐, 방언은 은사 중에 제일 약한 거잖아. 그러니까 나는 그걸 구하진 않을 거야."

내가 크리스마스 트리 아래 둔 선물에 대해 자녀가 이런 말을 했다면 나는 대단히 화가 나서 이렇게 말할 것이다.

"이건 네 거야! 이게 얼마나 작다고 생각하든 상관 없다. 나는 너를 생각해서 이걸 샀고 네게 싸구려 선물을 주진 않는다. 열어만 봐. 그럼 그게 뭔지, 어떻게 쓰는 건지 가르쳐 주마."

그렇게 선물을 거절하는 것은 완전한 거만이다.

감사한 마음은 겸손의 태도를 담고 있다. 감사만이 하나님께서 주신 것을 받는 적절한 방법인데, 그것은 받은 것을 이해하지 못할지라도 그분의 선하심에 대한 신뢰를 표현함으로 그분과의 관계를 영광스럽게 하기 때문이다. 하나님께서는 두 가지 주요한 이유로 우리에게 "모든 선하고 완벽한 선물"을 주신다. 인생 가운데 성공할 수 있도록 번영시키시고자, 그리고 관계로의 초대로서 하나님의 사랑을 보여 주시려고. 생활의 방식으로서 감사를 행할 때, 우리는 여호와께 받은 선물이 이 목적을 위해 임한 것임을 인정하는 것이다. 감사는 우리가 관계로 하나님을 알 수 있는 방향으로 이끌어, 우리를 만드신 이유를 발견하게 한다.

작은 감사의 엄청난 가치

하나님께서 그분께 감사 드리라고 말씀하실 때는, 우리에게 무언가를 받아내기 위해 주신다는 의미를 내비치시는 것이 아니다. 주님께서는 선물을 가지고 우리를 조종하지 않으신다. 우리가 하나님께 감사하길 원하시는 것은, 감사가 우리의 삶에 대한 진리를 인정하게 하기 때문이다. 그리고 진리에 동의할 때, 그 진리는 우리를 자유케 하여 하나님께서 자신의 형상으로 만드신 존재들로서 우리 안에 어떤 위대한 것을 넣어 두셨는지 보고 나타낼 수 있게 한다. 하나님께 감사를 드리지 않을 때, 사실 그것은 우리 자신을 우리의 정체성으로부터 단절시키는 것이다. 바울은 로마서 1장 18~21절에서 이렇게 설명한다.

> "하나님의 진노가 불의로 진리를 막는 사람들의 모든 경건하지 않음과 불의에 대하여 하늘로부터 나타나나니…그러므로 그들이 핑계하지 못할지니라. 하나님을 알되 하나님을 영화롭게도 아니하며 **감사하지도 아니하고** 오히려 그 생각이 허망하여지며 미련한 마음이 어두워졌나니."

바울은 기본적으로 하나님께서 자신의 정체를 비밀로 감추지 않으셨다는 말을 하고 있다. 하나님을 아는 것은 어려운 것이 아니다. 사실 세상에서 가장 명백한 것이다. 우리는 그저 하나님을 하나님으로 영화롭게 해드리고 감사하면 된다. 이 반응은 진리에 동의하는 것이기에, 하나님의 지식이라는 광활한 보물에 마음껏 접근할 수 있게 해준다. 하지만 그 반응이 없이는 생각이 **허망해지고** 마음이 어두워진다. '허망하다'는 것은 목적이 없음을 뜻한다.

삶의 모든 일에 대해 감사로 반응하는 것을 유지하지 못할 때, 우리의 생각은 하나님 안에 있는 목적에서 단절된다. 우리의 목적에 대해 눈이 가려지게 되면, 불가피하게 삶을 향한 하나님의 의도를 벗어난 선택을 하게 되고, 이는 대단히 파괴적일 수 있다. 왜냐하면 우리를 향한 주님의 설계에 반하는 행동이기 때문이다. 어두운 마음은 영적 실재를 인식할 수 없는 마음을 말한다. 이것은 여호와의 갈망과 애정에도 움직이지 않으며, 그러므로 생명의 근원인 하나님과의 관계로 초대하시는 주님께 반응하지 못한다. 바울은 로마서 1장에서 계속 설명하기를, 어두운 마음은 우리의 갈망을 왜곡시켜, 우리의 정체성과 관계들을 저하시키는 온갖 죄악으로 이끈다고 한다. 인류가 아는 가장 왜곡된 죄악은 감사의 결여로 인해 열려진 문을 통해 들어왔다.

정결케 하는 성질을 가진 감사

감사가 우리의 삶과 목적의 근원에 연결시킴으로써 온전하고 생기 있게 해주기 때문에, 바울이 "**범사에**" 감사하라고 한 지시가 이해가 된다. 감사는 우리를 온전하고 생기 있게 해준다. 하지만 곤란과 역경의 때에 특별히 강력한 감사의 한 차원이 있다. 우리는 이 원칙을 디모데 전서에서 찾을 수 있다.

그러나 성령이 밝히 말씀하시기를 '후일에 어떤 사람들이 믿음에서 떠나 미혹하는 영과 귀신의 가르침을 따르리라' 하셨으니…어떤 음식물은 먹지 말라고 할 터이나 음식물은 하나님이 지으신 바니 믿는 자들과 진리를 아는 자들이 감사함으로 받을 것이니라. 하나님께서 지으신 모든 것이 선하매 감사함으로 받으면 버릴 것이 없나니 하나님의 말씀과 기도로 거룩하여짐이라(딤전 4:1~5).

음식은 초대교회가 씨름한 최대의 "논쟁거리" 중 하나였다. 특히 우상에게 바쳐진 음식을 먹는 문제가 그러했다. 유대인이나 이방인 신자 할 것 없이 악한 영에게 바쳐졌던 음식은 더럽혀졌다고 두려워했다. 당대 거짓 교사들은 이 미신을 이용해 온갖 구속과 분열을 일으켰다. 흥미롭게도 이 구절에서 바울은 그것이 미신이라고 치부하지 않으면서, 우상에게 음식을 바치는 것이 무력한 것이라고 말한다. 그냥 감사와 말씀, 기도가 결합되면 그 헌납을 취소시킬 만큼 능력이 있어, 더 강력한 여호와께 대한 헌납을 만들어낸다고 말한다. 감사가 닿으면 무엇이든 **성화된다**고 하는 것이다.

성화는 성경 전체에서 의미가 큰 주제다. 구약에서 성화는 주로 하나님께서 처음엔 모세의 장막에서, 후엔 솔로몬의 성전에서 제사장들이 사용하도록 각종 기구, 그릇, 가구들을 떼어놓으라고 규정하신 구체적 의식들과 관련되어 있었다. 예컨대 금 세공인이 제사에 사용하기 위해 대접 만들기를 마쳤다면, 제단에서 그 위에 피를 뿌린다. 그 시점으로부터 그 대접은 다른 어떤 것이 아닌 성전에서 제사장이 예배 드릴 때만 사용되는 것이다. 전적으로 하나님께 구별된 것, 그것이 성화다. 신약에서는 신자들이 예수의 피로 성화되어 하나님께 구별된다. 이 성화는 구약 때보다 더 강력한 것이, 단순히 주님께서 그분의 목적을 위해 사용하실 수 있는 그릇이 되는 것에 불과하지 않기 때문이다. 주님의 생명, 능력, 사랑이 우리를 통해 흐르게 되는 과정 자체가 그분을 닮게 하는 과정이다. 우리는 그분과 함께 구별되어, 그분을 닮아 간다.

바울이 감사가 부정한 음식물을 성화시킨다고 했을 때, 그것은 하나님과 그분의 목적을 위해 구별한다는 뜻이다. 감사는 사실 음식물의 성질 자체를 거룩한 것으로 바꿔놓는다. 이 진리는 부정한 음식을 넘어선다. 이는 하나님의 능력 외에 삶 가운데 역사하고 있는 모든 능력을 발견하는 모든 상황으로 확대된다. 삶에 일어나는 모든 일이 하나님의 뜻이 아님을 기억하는 것은 매우 중요하다.

주님께서는 나라나 개인이 마주하게 될 수 있는 위기를 일으키지 않으신다. 사실 선하지 않은 것을 주실 수 없는 것이, 하나님께서는 그런 것을 갖고 계시지 않기 때문이다. 누구든 자신이 가지고 있는 것만 줄 수 있다. 하나님께서는 선하시기 때문에 선한 선물만 갖고 계시며, 선한 선물만 주실 수 있다. 그러므로 범사에 감사하는 것은 역경이 하나님께로부터 왔음을 말하는 것이 아니다. 하지만 어려운 상황 속에서 감사를 드리는 것은, 우리의 믿음을 저해시키고 파멸시키려는 곤란이 우리로 하여금 그 상황을 장악하여 하나님과 그분의 목적을 위해 떼어둘 수 있게 해준다.

감사할 때, 원수가 우리를 주님께서 주신 목적으로부터 떨어뜨려 놓기 위해 사용하려 했던 무기는 우리 손에 쥐어져 그 목적 안으로 더 충만하게 들어갈 수 있도록 해주는 것이 된다. 예수께서는 아버지께서 그분에게 주신 것과 동일한 과제를 주어 우리를 보내신다고 선포하신다. 그것은 마귀의 일을 멸하기 위한 것이다(요일 3:8 참조). 감사는 하나님 왕국의 거룩한 정의를 성취하는데, 그때 그가 우리를 멸하는 데에 사용하려 했던 바로 그것으로 마귀가 멸망 당한다. 우리가 마귀를 파하는 데에 참예할 수 있다는 사실을 아는 것만으로도 우리는 감사의 마음이 생겨야 한다!

정의를 풀어 놓으라

하나님의 정의에 대한 가장 명확한 예는 성경의 에스더 서에서 찾을 수 있다. 모르드개를 없애려고 자신이 세운 교수대에 매달려 죽은 하만의 이야기 말이다. 후에 이 정의는 모르드개가 왕궁에서 하만의 자리를 차지함으로 추가 완성된다. 이 이야기의 놀라운 점은 모르드개가 스스로 정의를 이루려 할 필요가 없었다는 것이다. 그는 그저 이교도인 왕과 자신의 민족에 대해 스스로 해야 할 일에 초점을 맞췄다. 이것이 하나님 왕국 안에 있는 전쟁의 성질이다. 우리는 마귀에게 초점을 두고 싸우지 않는다. 왕과 그분의 왕국에 초점을 고정하는 것이고, 마귀는 우리 삶을 통해 끝없이 확장되는 하나님의 통치를 인해 왕좌에서 내려올 수밖에 없다. 이는 역경의 때에 감사가 왜 능력이 있는지를 보여 주는 또 다른 예다.

시편 100편 4절은 우리가 "감사함으로 그의 문에 들어간다"고 말씀한다. 감사는 우리를 하나님의 현저한 임재로 이끌어, 우리의 상황 가운데 그 분께서 하고 계신 일 및 말씀과 연결시켜 주신다. 감사는 우리가 초점을 그분께 확립해 우리의 인식이 지상의 실재에서 천상의 실재로 전환될 수 있게 해준다. 하늘의 힘을 우리의 상황 가운데 풀어놓기 위해 우리는 반드시 그렇게 해야 한다.

계속 하나님을 인식하라

나는 어떤 것도 하나님의 임재에 대한 의식보다 커지지 못하도록 살려고 애써 왔다. 때로는 텔레비전에 나온 나쁜 뉴스 같은 단순한 것부터 갈등이 시작될 수 있다. 내 마음속에서 무언가 무게감이 커져 하나님에 대한 인식보다 커지게 되면, 의식적으로 하나님의 임재를 더 인식하기 위해 내 애정을 그분께로 돌린다. 그래도 되지 않으면, TV를 끄거나 방에서 나가 그분에 대한 인식이 내 마음을 누르는 그것보다 더 커질 때까지 초점을 돌리려 한다. 그냥 머리로 그분께서 더 크시다는 것을 알 수는 없다. 전 존재로 내가 그분의 임재를 인식하고 있으며, 그분의 세계가 내 삶과 상황들을 침노할 것을 기대하는 위치에 서야 한다. 이 기대감을 유지하지 않으면, 다른 세력들이 내 삶의 원동력이 되어 공격적이 아니라 방어적으로 살게 될 것을 기대해야 한다.

감사를 통해 하나님의 임재와 가까이 지낼 때, 나는 불가능을 침노하실 수 있는 주님의 절대적 능력을 인식할 뿐 아니라 내 안에서 급진적으로 사랑하시고 기뻐하시는 그분을 감지한다! 주님께서 삶에 두신 좋은 선물들에 감사 드릴 때, 그분께서 내 아버지시며 나를 위하시고, 주님의 뜻이 다른 모든 의견들을 상쇄시킨다는 확정적 증거를 제시하는 것이 된다. 놀라운 것은, 응답 받은 기도제목 하나를 기억하는 것이 어려워 보일 때도, 감사를 드리기 시작만 하면 우리 삶에 주어진 좋은 것들에 대한 초점이 주님의 기쁨을 열어 주는 데에는 결코 오랜 시간이 걸리지 않는다. 그리고 주님의 기쁨이 우리의 힘이다.

야고보가 시련을 당할 때 그 모든 것을 기쁨으로 세라(여기라)고 한 것이 감사에 대한 말씀이라고 나는 믿는다. 왜냐하면 감사는 보통 우리 삶에 주어진 하나님의 선물의 목록을 만드는 일을 포함하기 때문이다. 계산을 해보라! 곤란 가운데 힘을 주는 감사의 능력을 발견하기 원한다면, 결론에 도달할 때까지 이것들을 계속 세야 한다. 그러면 기뻐할 때가 된다! 우리 삶을 둘러싸고 영향을 미치는 하나님의 사랑과 선하심에 대한 인식이 충만하게 될 때, 상황에 대해 계속 우울한 상태로 있기란 정말 어려워진다.

감사를 생활의 방식으로서 실행할 수 있는 수준의 삶이 존재한다. 그것은 응답된 기도들을 기억하는 것이다. 어려운 일이 닥칠 때, 우리는 그분의 임재 속으로, 또 주님께서 우리에 대해 갖고 계신 기쁨과 환희 속으로 우리를 즉각 접속시켜 줄 방대한 축복의 목록이 있다. 그것은 우리 삶에 임하는 어떠한 고소나 위기, 갈등과도 비할 수 없이 큰 실재다. 이 영역 가운데서 살아가는 법을 배울 때, 어떤 것도 우리의 목적으로부터 우리를 돌려놓을 수 없다. 심지어 우리는 원수가 우리로 하여금 그 목적을 이루도록 돕게 만들 수도 있다. 하늘의 관점에서 볼 때, "범사에" 감사를 드리는 것은 합리적인 것이다!

개인적 돌파의 순간

물리적 순종은 영적 돌파를 가져온다

믿음의 승리

위버빌*Weaverville*에서 목회하던 당시 젊었던 나의 월요일은 우울한 적이 꽤 많았다. 일요일에 아무리 놀라운 일이 있었어도, 때로 내게 기억나는 것은 예배 때 부족했던 것뿐이었다. 낙심에 빠진 나를 더 밀어뜨린 건 나의 영적인 영웅들과 자신을 비교했던 태도였다. 항상 나는 부흥 운동가들과 위대한 믿음의 사람들—존 레이크*John G. Lake*, 찰스 피니*Charles Finney*, 리즈 하월즈*Rees Howells* 등—에 대한 책들을 읽기를 좋아했다. 하지만 내 자신을 그들과 비교하기 시작했을 때, 항상 내 믿음이 부족한 것을 느꼈고 그들과 나의 차이로 인해 금세 감정적 추락을 맞곤 했다.

리즈 하월즈의 놀라운 책 〈중보자*Intercessor*〉를 읽고 나니, 나는 내가 구원 받은 건 둘째치고 숨이나 쉬고 있나 싶었다. 내 한계에 대한 초점은 전혀 도움이 되지 않는데, 특히 목회자로서 다뤄야 할 진짜 문제들이 있을 때 그랬다. 배신, 포기, 거부, 고소. 목회자라는 위치엔 이 모든 것이 따라왔다. 종종 나는 커다란 먹구름이 나를 덮고 있는 것 같은 느낌이 들었다. 낙심과 우울이 좋은 것들이 아니라는 것쯤은 알고 있었다. 주님의 집에서 함께 보내는 시간이 축하하는 시간이어야 함을 확신했기 때문에 일요일이 돌아오기 전에는 승리할 수 있었지만, 그 방식으로 사는 법은 아직 알지 못했다.

궁극의 우선순위

젊었을 때부터 내 마음에 이미 우선순위가 확립된 것은 예배였다. 하나님 아버지는 믿는 자로서 우리의 정체성이 먼저 예배자라고 식구들과 회중들에게 늘 훈련시키셨다. 이것은 우리의 주요 직무가 주님을 섬기는 것이요 사람들에게 하는 모든 사역은 그 우선되는 섬김으로부터 흘러넘쳐 자라가는 것이어야 함을 의미했다. 그뿐만 아니라 아버지는 우리가 시편에 나오는 정의와 묘사를 따라 우리의 찬양과 예배를 만들어야 한다고 가르치시고, 또 몸소 보여주셨다. 그것은 춤, 외침, 박수, 점프, 기쁨의 소리 등 신체적 표현을 포함하고 있다. 성경적 예배 양식을 강조하는 것은 당시 보통의 교회에서 큰 발상의 전환이 되었다.

이 전환의 시작에는 많은 이들이 그러한 표현을 하기를 거부했다. 사람들에겐 통곡하고 심각한 표정을 짓는 것만이 참된 영성의 진정한 표현이라는 발상이 견고하게 자리잡고 있었다. 나는 하나님 아버지와 뜻을 같이하여 말씀에 나와 있는 것들을 행해야 한다고 믿었지만, 문제는 말수 없는 내 성격의 상자에서 나오는 것이었다. 하나님께서 그렇게 하라고 명하셨으며, 우리의 새로운 본성에 두지 않으신 것을 명령하실 리 없다는 것을 깨닫고 난 뒤 나는 바뀌기 시작했다.

그리스도 안에서 내 진짜 성격은 성경이 위임한 표현들을 통해 하나님을 향한 사랑을 표출할 능력을 포함한다는 의미다. 그것이 내 정체성이다. 말이 없고 조용하다는 내 자아상으로 하여금 하나님 안에서 내 기쁨을 자유롭게 뿜어내는 내 새로운 본성을 체험할 기회를 앗아가게 하는 것은 영적으로 부당한 것이다. 나는 이 거짓말에 합의할 의사가 없다. 그 결과, 다른 누가 예배 중에 춤추는 것을 보기 훨씬 전부터 나는 홀로 주님 앞에서 기쁨의 춤을 추기 시작했다.

내가 깨달은 바, 찬양은 육체에 기쁨이 되지 않는다. 그 때문에 억압의 구름을 없애는 데에 그렇게 강력한 것일지 모른다. 원수는 인간이 동의할 때 능력을 얻게 된다. 그가 하는 말이 무엇이든, 거기에 동의를 하게 되면, 죽이고 훔치고, 멸할 여지를 주게 된다. 우리는 원수와 동의함으로써 억압의 구름을 부풀리게 된다. 기뻐하며 찬양할 때 그 동의가 취소된다.

자기 성찰은 찬양의 삶을 죽인다

찬양은 하나님께서 내가 젊은 날에 목회자로서 낙심을 겪고 있던 때에 스스로를 강하게 할 수 있도록 무장시켜 주신 주요한 도구 중 하나다. 내 삶의 백만 가지에 대한 의문을 가질 수 있었겠지만, 하나님께 찬양을 드릴 땐 내가 있어야 할 곳에 있는 것임을 전적으로 확신할 수 있었다. 혼란과 우울의 안개 속으로 미끄러져 들어갈 때면 그게 나의 기본이 되었다. 위버빌에서 우리 집은 교회 뒤에 위치하여, 밤늦은 시간에 예배실에 들어가 음향 기기에 예배 음악을 틀어 놓고, 하나님을 찬양하고 경배하며 시간을 보내는 경우가 많았다. 때로 나는 이른 아침까지 남아 있었다. 춤추고 소리치며, 그러니까 내가 하고 싶지 않았던 모든 것들을 스스로 요구했다.

시편기자 다윗은 이렇게 기록했다.

"내 영혼아, 여호와를 송축하라."

그는 자신의 영혼에게 순복하여 하나님께 영광을 돌리라고 명령했다. 우리는 우리의 영혼과, 심지어 몸까지도 하나님의 목적에 굴복시키는 법이 얼마나 중요한지를 본다. 당시 나는 꼭 찬양의 강도가 내 머리 위를 덮은 구름의 크기에 비례하도록 만들었다. 내 안의 무언가가 변하는 시점이 오면 매번, 더이상 노력을 할 필요가 없었다. 내 이성과 의지, 감정, 육체가 내가 주님께 선포하고 있는 것에 대한 확신으로 완전히 채워졌다. 또한 머리 위의 구름이 사라졌고 내가 주님 안에 살아있음을 볼 수 있었다!

나는 그 구름이 단지 내 머리 위에 있는 것이 아니라, 안에 있음을 이해하게 되었다. 나는 나의 부족함에 집중하고 스스로를 다른 이들과 비교하는 것이 겸손의 자세라고 잘못 생각했다. 사실 그것은 반대였다. 내 삶 안의 하나님의 위대하심에 초점을 맞추지 않고 나는 내 자신에 초점을 두고 있었다. 사실 내 문제를 하나님의 약속들보다 더 크게 만듦으로써 원수와 동의하고 있었던 것이다. 그리고 내 동의는 억압의 구름이 내 머리 위를 맴돌도록 초대하는 것이었다.

거짓말과의 동의를 깰 수 있는 유일한 방법은 회개인데, 그것은 생각하는 방식을 바꾼다는 뜻이다. 그 찬양의 자리에서 나는 생각을 하나님의 성품에 대한 진리로 채웠다. 천상의 실재와의 새로운 합의가 생길 때까지. 그 합의가 확립되자, 실재가 내 감정과 이성, 육체 가운데 드러나기 시작했다. 하지만 동시에 나는 아버지가 왜 성경이 찬양에 대해 말씀하는 바대로 행하라고 가르쳤는지 더 깊이 이해하게 됐다. 하늘과 뜻을 같이하는 것은 실제로 이성의 회개 이상을 요구한다. 회개가 법적 효력이 있는 실재가 되게 하려면 물리적 증거가 필요하다. 내 몸을 말씀이 전하는 바와 같은 선상에 올려둠으로써, 나는 전 존재를 진리와의 합의 가운데로 들어가게 했다. 그렇게 할 때 나는 몸의 순종이 영의 돌파를 가져온다는 원리를 체험했다. 종교적 동작들을 따른다는 개념을 싫어하고 예배 가운데

"진심"을 담고 싶어하는 사람들에게는 조금 퇴보하는 것처럼 보일 수 있을 것이다. 몸의 순종은 영의 돌파를 가져온다. 하지만 진심의 정도는 우리가 느끼거나 생각하는 정도와 같지 않다. 그것들은 진정한 실재와 일치하든지 그렇지 않든지 둘 중 하나다. 그런데 그렇지 않을 경우, 성경은 우리가 움직여야 거기에 도달할 수 있다고 말씀한다. 어떤 이들은 하고 싶지 않은 것을 하는 것이 위선적이라고 한다. 나는 하고 싶은 것만 하면서 스스로 믿는 신자라고 하는 것이 위선적이라고 본다. 옳은 행동은 옳은 감정과 생각을 낳는다.

하지만 노래하고 소리치고, 춤추며 점프하는 것이 왜 옳은 것인가? 하나님께서는 이 급진적 표현을, 왜 조용하고 경외감 있는 숭배보다 더 원하시는 것일까? 후자를 위한 시간도 분명히 있지만, 축하의 행위가 하나님께 접근하는 방법에 대한 시편 기자의 묘사에서 훨씬 많이 등장한다. 이유는 이렇다. 하나님께서는 축하하시는 하나님이시다. 우리를 향한 주님의 모든 행동과 생각은 그분의 사랑, 친절, 선하심과 기쁨의 사치스러운 표현이다. 그리고 주님께서는 일순간 우리를 축복하시고자 그 모든 것을 주실 뿐 아니라, 그분을 더 깊이 아는 축복 가운데 초대하신다. 주님께서는 우리를 기뻐하시기 때문에, 우리도 그분을 기뻐하기를 원하신다. 우리를 인해 기뻐하사 노래를 부르신다(습 3:17 참조). 주님께서 우리에게 주시는 것을 우리도 주님께 드릴 때, 우리는 그분과의 관계에서 한 걸음 더 나아가 생명의 근원과 더 깊이 마음으로 연결된다.

그뿐만 아니라 주님께서 하시는 일을 우리가 할 때, 우리의 몸만 아니라 영과 혼을 그분의 말씀에 일치시킬 때, 주님의 성품이 풀어져 그 친밀함의 장소로부터 우리 안에 흘러들어오게 된다. 성령께서는 세상에 존재하는 가장 기쁜 분이시며, 기쁨은 우리의 생명 안에 있는 주님의 왕국의 주요한 표현 방식 중 하나다(롬 14:7 참조).

"항상 기뻐하라"는 주님의 명령은 사실 우리가 기쁨을 갖길 원하시는 그분의 갈망을 표현한 것이다! 단순히 그것을 받는 방법을 말씀하고 계신 것이다. 우리는 기쁨이 있기 때문만이 아니라, 기쁨을 추구하기 때문에 기뻐한다.

하나님을 섬기는 일의 중요성

앞장에서는 "모든 것을 기쁘게 여기라"는 야고보의 지시를 따를 때 감사가 자연스레 기쁨으로 이어진다고 설명했다. 하나님께서 하신 모든 일들을 세어볼 때, 우리는 그저 하나님께 감사 드리는 데서 멈추지 말아야 한다. 하나님의 모든 행위 하나하나는 그분의 성품의 계시다. 그리고 하나님의 성품—그분의 아낌 없으심, 기쁨, 사랑, 신실, 선하심과 능력—을 볼 때 우리가 할 수 있는, 유일한 분별 있는 반응은 찬양하는 것이다. 찬양하고 기뻐하는 것은 동전의 양면인 것을 시편 9편 2절에서 볼 수 있다. "내가 주를 기뻐하고 즐거워하며 지존하신 주의 이름을 찬송하리니." 기뻐하지 않고, 우리의 몸과 혼, 영을 축하의 표현 속으로 밀어넣지 않고는 제대로 찬양을 하기 어렵다. 이유가 없이는 기뻐할 수 없으며, 그 이유는 하나님의 본성 곧 우리와의 관계를 통해 계시하시는, 우리가 찬양 가운데 선포하는 성품이다. 하나님께서 "항상 기뻐하라"고 하실 때에 거기에 담긴 의미는 찬양을 생활 방식으로 확립해야 한다는 것이다.

감사로부터 흘러나오는 찬양은 히브리서 13장 15절에 "제사"라고 표현되었다. 이 구절은 어떤 종류의 행위가 진정 찬양으로 인정되는지에 대한 지침을 준다. 무엇보다 먼저, 찬양은 값을 치러야 한다. 그럴 때에만 값비싼 독생자를 친히 주신 하나님께 적절한 반응으로 나아가는 것이 된다. 예배당에서 홀로 기뻐하는 일로 스스로를 강제하던 그 밤들에 나는 하나님께 나의 시간과 집중력, 편안을 드린 것이었다. 나는 편안함을 떠나, 내 상황의 모든 압박을 벗어났다. 그것이 찬양의 행위를 값비싼 표현으로 만들었다.

둘째, 찬양의 제사는 항상 믿음을 요해야 한다. 왜냐하면 믿음이 없이는 주님을 기쁘시게 하기가 불가능하기 때문이다. 히브리서 11장 4절 말씀이다.

"**믿음으로 아벨은 가인보다 더 나은 제사를 하나님께 드림으로…**"

현재 주어진 상황 가운데 전혀 하고 싶은 생각이 들지 않거나 이해가 안 된다고 할 때 기뻐하려면 분명 믿음이 요구된다. '나는 쓸데 없어!'라는 생각을 하고 있을 때 고개를 들고 "오 하나님 영광

존귀*Thou Art Worthy*" 찬양을 부르는 일에는 별 믿음이 필요 없다. 주님 안에서 진정으로 기뻐하려면 우리가 이미 있는 그대로 주님께 열납되었다는 진리 위에 서야 한다. 기뻐하는 데에는 주님의 선하심과 신실하심이 현재 마주한 곤란보다 더 실제적임을 인정하는 일이 요구된다. 특별히 우리의 삶이 사실 우리에 대한 것이 아님에 동의해야만 한다!

상황에 대한 하나님의 시각에 동의하기를 요구하는 기쁨만이 하나님을 기쁘시게 하는 찬양의 제사이며, 거기에 우리를 변화시킬 능력이 있다. 믿음의 표현인 것이다. 때로 그 기뻐하는 일이란 것은 다윗이 시편 2편 11절에 묘사한 것과 같다.

"떨며 즐거워할지어다."

다시 말해, 믿음이 충만한 느낌이 들어야 기뻐하는 게 아니라는 것이다. 그냥 그렇게 해야하는 것이다.

찬양과 감사는 성질이 다르긴 하지만, 항상 동행해야 한다. 왜냐하면 우리가 주님의 임재 안에서 스스로를 강하게 하는 데로 향하는 순차적 단계이기 때문이다. 시편 100편 4절은 이렇게 말씀한다.

"감사함으로 그의 문에 들어가며 찬송함으로 그의 궁정에 들어가서 그에게 감사하며 그의 이름을 송축할지어다."

이 구절은 하나님의 임재로 들어가는 로드 맵이다. 그러므로 우리의 목표는 우리의 전 존재가 주님의 임재에 대해 살게 될 때까지 감사와 찬양을 유지하는 것이 되어야 한다. 하지만 또 그 순간에도 초점이 하나님을 섬기는 데서 우리의 필요를 얻어내는 것으로 바뀌지 말아야 함을 기억해야 한다.

감사와 찬양이 스스로를 강하게 하는 도구인 것은, 주님께로부터 무언가를 얻어내게 해주기 때문이 아니라 우리의 우선적인 목적—예배 가운데 주님을 섬기는 일—과 다시 연결시켜 주기 때문이다. 우리를 주님의 임재 안으로 데려다 주는 것이다. 그리고 참된 예배는 주님의 임재와의 교통이 있는 그곳에서만 일어난다. 예배 중에, 제사는 더 이상 신체적 표현이나 언어적 선포가 아니다. 우리의 존재가 제사다. 불이 항상 제사 위에 떨어진다. 그리고 우리가 제사가 되면, 변화될 수밖에 없다.

우리를 부요하게 하는 제사

향유 옥합을 가지고 예수를 섬긴 여인을 기억하는가? 성경은 이 옥합에 대해 두 가지를 말씀한다. 그것이 1년치 급여만큼의 가치가 있었다(어쩌면 이 여인의 전 재산이었을지 모른다)는 것과 오직 1회만 사용될 수 있었다는 것. 왜냐하면 열기 위해선 깨뜨려야 하는 용기에 담겨 있었기 때문이다. 그녀는 예수께 한 병을 모두 부었을 뿐 아니라, 그 애정을 아주 공개적으로 드러내며 주님의 발 아래서 통곡하고 머리칼로 발을 닦았다.

이처럼 극단적인 행위는 제자들을 포함한 그 자리의 모든 이들에게 극단적 상처를 촉발시켰다. 이들은 그녀의 감정에 당황했고 돈 낭비를 했다고 여기며 혐오감을 가졌다. 하지만 예수께서는 다른 시각과 반응을 보여 주셨다. 그녀가 주님의 장례를 위해 기름을 부었다고 하시며, 그녀가 다른 누구보다 주님의 진정한 정체에 대한 통찰이 있다고 인정하셨다. 그녀는 주님께 합당한 바로 그 예배를 드렸고, 그렇게 믿음을 나타냈다. 그뿐만 아니라 모두가 집을 떠났을 때, 예수께서는 그 아름다운 향내에 흠뻑 젖어계셨고 그 향은 그 여인도 감쌌다.

우리가 예배할 때 이런 일이 일어나는 것이다. 우리는 "제 것을 함께 나누려고 이것을 주님께 드려요"라고 말하기 위해 예배하러 나아오지 않는다. 이 여인처럼, 우리는 "모든 것이 하나님 것입니다"라고 말하기 위해 예배하는 것이다. 하지만 우리는 주님과의 교제의 시간을 가진 뒤 그분의 임재를 묻혀 나오지 않을 수 없다. 다윗은 주님은 우리의 영광이시요 우리 머리를 드는 자시라고 했다(시 3:3 참조).

우리는 그분을 보기 위해 머리를 들지 않고서 그분과 함께 있을 수 없다. 그리고 주님을 바라본 뒤에는 우리의 상황이 같은 시각으로 보일 수 없다. 또한 주님의 영광의 세계, 곧 초자연적 공급의 세계를 체험하고서 그 엄청난 은혜와 힘을 받지 않을 수는 없다.

많은 신자들이 관점을 새롭게 하기 위해 택하는 가장 주요한 방법은 하나님께 찬양과 감사를 드리기 위해 주변의, 혹은 내면의 문제들을 의도적으로 무시한다는 개념을 없애버리는 것인데 이는 무책임한 것이다. 신자들은 흔히 자신들이 문제를 여러 각도에서 바라봄으로써 해법을 찾아낼 수 있다고 생각하다가 삶을 갉아먹는 덫에 걸린다. 하지만 마음의 애정이 주님께로부터 멀어져, 주님께 합당한 관심을 드리기보다 사소한 것에 더 신경 쓰게 되는 것이 문제다. 주님의 음성보다 다른 목소리들의 볼륨이 더 커지게 하는데, 이것은 언제든 무책임한 것이다!

나는 우선 주님께 대하여 책임이 있기 때문에 건강하게 부정의 상태로 살기로 결단했다. 마귀가 책상 너머로 관심을 구하면, 나는 "요청을 거절한다!"고 말한다. 항상 우리 주변엔, 조심하지 않으면 우리를 낙심시킬 수 있는 상황들이 있음을 나는 인식하고 있다. 대부분의 경우, 연속적으로 잘못된 선택들을 할 때 나는 낙심으로부터 15분 거리에 떨어져 있다. 하지만 동시에 나는 다시는 전과 같이 낙심을 끌어안고 살 필요가 없음을 안다. 내 마음의 애정에 위협이 되지 않도록 문제들을 충분히 무시해야 함을 배우게 됐다. 내가 무책임한 것이 아님을 아는 것은, 하나님께서 부르신 존재인 내게 특별히 예배자로서 신실하면 기꺼이 해법을 주실 것이라고 수차례 약속하셨기 때문이다. 우리가 문제에 신경을 쓸 필요가 없다는 뜻은 아니다. 하지만 그것들을 하나님의 시각에서 다뤄야 하는 것이다.

신성한 만남을 가져다주는 찬양

신실하게 주님께 찬양과 경배를 드릴 때 받게 되는 은택들에 대한 약속의 말씀을 몇 가지만 보기로 하자. 시편 22편 3절은 선포한다.

"이스라엘의 찬송 중에 계시는 주여, 주는 거룩하시니이다."

찬양은 사실 우리의 환경 가운데 왕께서 보좌에 앉아 그분의 왕국의 실재를 풀어놓으실 수 있는 플랫폼을 만들어낸다. 그리고 그 왕국이 임할 때는 항상 어둠의 왕국이 파괴된다. 이사야는 이것을 이렇게 설명한다.

항해하는 자들과 바다 가운데의 만물과 섬들과 거기에 사는 사람들아, 여호와께 새 노래로 노래하며 땅 끝에서부터 찬송하라. 광야와 거기에 있는 성읍들과 게달 사람이 사는 마을들은 소리를 높이라. 셀라의 주민들은 노래하며 산 꼭대기에서 즐거이 부르라. 여호와께 영광을 돌리며 섬들 중에서 그의 찬송을 전할지어다. 여호와께서 용사 같이 나가시며 전사 같이 분발하여 외쳐 크게 부르시며 그 대적을 크게 치시리로다.(사 42:10~13)

기본적으로 이사야는 이스라엘이 하나님을 축하하고 찬양할 때, 하나님께서 책임지고 나가서 적들을 멸하신다고 말하는 것이다. 얼마나 대단한 거래인가! 우리의 찬양 가운데 하나님께서 보좌에 앉으시면 이런 일이 일어나는 것이다. 예컨대, 나는 예배 중에 하나님의 임재에 빠져 자신을 잃어버렸다가 나중에야 치유를 받았음을 깨달은 사람들 이야기를 얼마나 많이 들었는지 모른다.

한 번은 예배 후에 서로 관계가 없는 두 명이 내게 와서 말했다. 수년 전에 목을 다쳐서 후유증이 오래 지속되고 있어 힘들었는데 치유를 받았다는 것이었다. 그들은 예배당의 같은 위치에 앉아 있었고, 예배 중에 동시에 치유를 받았다!

이 사람들이 "떨며" 기뻐하고 있었던 것이라면, 분명 하나님께서는 진짜 기쁨으로 주님 안에서 기뻐할, 충분한 이유를 주신 것이다. 주님께서는 언제든 우리의 찬양을 받기에 합당하심을 증명하실 준비가 되어 계신다. 하지만 그뿐 아니라, 주님께서는 더 성숙한 관계로 부르시는 초청에 우리가 응답하길 바라고 계신다.

그 관계 속에서 우리의 주된 초점은, 그분께서 그러하시듯 받는 것이 아니라 드리는 것에 있을 것이다. 곤란의 때를 통해 우리는 다른 때에 없던 기회를 얻게 되고, 우리의 시급한 필요를 돌보는 대신 주님을 섬김으로 헌신적 사랑을 그분께 증명하는 것이다. 그러한 때에 우리는 주님을 아는 것이 기뻐할 이유임을 안다는 확신만으로 그 분께 찬양을 드린다. 주님을 향한 정한 마음을 보실 때, 그 철저한 포기를 보실 때 주님께서는 멀찍이 계실 수 없다. 이러한 류의 관계가 자급자족에 완전히 반대되는, 주님 안에서 스스로를 강하게 만드는 것이다.

이것은 왕국의 논리에 따라 역사하는데, 곧 생명을 구하려면 생명을 잃어야 한다는 것이다. 받기 위해서는 드려야 한다. 힘이 필요하면 자신을 주님과 그분의 목적에 완전히 드려, 주님께서만 우리에게 필요한 초자연적 힘을 주실 수 있는 유일한 존재가 되시게 해야 한다.

그러므로 매일 지나간 문제들과 필요들을 충분히 돌아보아 하나님께 사치스러운 찬양과 기쁨을 표현할 수 있게 되는 시간을 가지라고 도전하고 싶다. 주님의 축복이 놀랍지만, 주님께서 가장 커다란 축복이심을 발견하게 되리라 자신한다. 또한 스스로가 기쁨의 사람으로 변화하는 것을 깨달을 수도 있다. 어쨌든 하나님께서는 기쁨 모드에 계신다. 주님과 어울린다면, 그분의 기쁨이 묻어나올 수밖에 없다!

숨겨진 것들을 풀어놓으라

∽

주님께서는 작은 집을 그분께서 거하실 수 있는
궁전으로 바꾸신다

∽

5

믿음의 승리

5

성경 전체에서 하나님의 백성들에 대한 은유 중 가장 강력한 것은 우리가 하나님의 집이라는 표현이다. 예수의 피가 우리 안에 하나님의 영이 친히 거할 수 있는 길을 만들었다는 사실은 전적으로 경탄스럽다. 하지만 하나님께서는, 쉽게 말해, 부숴서 리모델링해야 하는 집에 들어오신 것이다. 그러므로 그리스도를 따르기로 선택한 순간, 우리의 삶 가운데 진정으로 하나님의 영광과 성품을 세상에 표출할 수 있는 집으로 우리를 변화시키는, 지속적 변화의 과정을 수강 신청한 것이다. 베드로는 이렇게 표현했다.

"너희도 산 돌 같이 신령한 집으로 세워지고 예수 그리스도로 말미암아 하나님이 기쁘게 받으실 신령한 제사를 드릴 거룩한 제사장이 될지니라."(벧전 2:5)

바울은 로마서 12장 1~2절을 통해 이 지속적 변화가 일차적으로는, 새롭게 되어야 할 우리 이성의 차원에서 일어나며, 그 다음엔 "산 제사"로 드려져야 할 몸에서 일어난다고 설명한다. 그 이유는, 마음이 굴복되고 이성이 새롭게 되며 몸이 바쳐지지 않고는, 우리 삶의 설계자요 건축가로 일하고 계신 성령과의 전적인 협력이 있을 수 없기 때문이다. C.S.루이스는 이 건축 과정을 〈순전한 기독교〉에서 이렇게 묘사한다.

> 스스로가 살아 있는 집이라고 상상해 보라. 하나님께서 들어오사 그 집을 다시 지으신다. 처음에는 어쩌면 무슨 일을 하고 계신지 이해할 수 있을지 모른다. 배수를 바르게 하고 지붕 등의 누수를 수리하신다. 그런 작업이 필요한 것은 이미 알고 있었기에 놀랄 것이 없다. 하지만 지금은 지독하게 아플 정도로, 이해가 되지 않는 방식으로 집을 지으시고 계신다. 도대체 무슨 일을 하시는 걸까? 우리가 생각한 집과 전혀 다른 것을 짓고 계신다고 설명하신다. 이쪽에 별채를 만들고, 여기엔 추가로 마루를 깔고, 탑들을 쌓고 마당을 만드는 것이다. 우리는 웬만한, 작은 집이 될 것이라 생각했지만, 하나님께서는 궁전을 짓고 계신다. 주님께서 친히 들어와 사실 것이기 때문이다. [1]

---

1 C.S.루이스 〈순전한 기독교〉

이 예시의 메시지는 우리가 하나님께서 하고 계신 일—우리를 변화시키시는 그분의 목적—에 대한 "설명"을 이해해야 한다는 것이다. 우리의 이성이 주님의 목적과 동역하도록 새롭게 되지 않았다면, 우리는 육의 사람이 가진 "냄새나는 생각"을 여전히 사용할 것이다. 바울은 이것이 "하나님과 원수가 된다"(롬 8:7)고 이야기한다. 정신이 번쩍 든다. 생각을 새롭게 하고 주님과 동역하는 자들이 되든지 아니면 주님과 원수가 되는 생각을 한다는 것이다. 중간 지대는 없다. 그리스도의 생각을 거부하면 성령을 소멸하게 되고, 주께서 우리 삶에 건축하고 계신 건물을 방해하는 것이다. 하나님께서는 웬만하고 작은 집을 그분께서 거하실 수 있는 궁전으로 변화시키고 계신다!

신성한 목적을 가진 건물을 지으라

이미 보았듯, 주님 안에서 스스로를 강하게 하는 일은 우리의 마음과 생각, 몸을 하나님의 목적에 맞추는 데에 그 핵심이 있다. 그 결과로 우리는 곤란과 반대를 마주할 때 그 목적에 합한 힘을 갖게 되는 것이다. "강하게 한다"는 말 자체가 우리 삶 가운데 벌어지고 있는 건축에 쓰이는 언어에 속한다. 흥미롭게도 신약의 대부분에서 건축을 하고 있지 않다. 하나님께서 하고 계시며, 주님께서 그분의 몸을 제자화하도록 위임하신 이들도 그렇다. 예를 들어, 고린도

서신에서 바울은 자신이 구속 받은 자들의 공동체, 하나님의 집의 영적 기초를 놓은 "능숙한 건축가"라고 표현한다(고전 3:10 참조).

하지만 우리가 스스로를 짓기 위해 해야 할 일을 구체적으로 묘사한 구절이 둘 있다. 유다는 이렇게 기록했다.

"사랑하는 자들아, 너희는 너희의 지극히 거룩한 믿음 위에 자신을 세우며 성령으로 기도하며"(유 1:20)

나는 여기서 "성령으로 기도"하는 것이 구체적으로 방언을 가리킨다고 보며, 유다가 이 특정한 활동이 우리 자신을 믿음 안에 세워가는 것과 연결짓고 있다고 믿는다. 이렇게 생각하는 이유는 같은 말씀이 고린도전서 14장 4절에도 나타나 있기 때문이다.

"방언을 말하는 자는 자신을 세우고…"

"세우다*edify*"라는 단어는 "건축한다"라는 뜻이다. 동일한 어근에서 "건물*edifice*"이라는 단어가 나온 것이다. 랜스 월나우*Lance Wallnau*의 가르침과 같이, 방언으로 기도할 때 우리는 하나님의 목적이 현저하게 나타나는 믿음의 건물을 내면에 세우는 것이다.

방언 기도가 어떻게 우리를 믿음 안에 세워 주는가? 그에 대한 답을 하기 위해 우리는 먼저 방언으로 기도할 때 무엇을 하는 것인지 이해해야 한다.

"방언을 말하는 자는 사람에게 하지 아니하고 하나님께 하나니 이는 알아 듣는 자가 없고 영으로 비밀을 말함이라."(고전 14:2)

방언으로 말할 때 우리는 목소리를 사용하여 우리 영의 표현을 입 밖에 나오게 하여, 성령과 교제하게 하는 것이다. 이것이 강력한 것은, 우리의 영이 하나님과 완벽한 동의에 있는 상태로 기도하기 때문이다. 왜냐하면 우리의 영은 우리가 거듭났을 때 받은 새로운 본성으로 말하기 때문이다. 우리의 몸뿐만 아니라 혼을, 영이 하고 있는 말과 맞물리게 함으로써 우리는 성령과 더 전적인 합의에 이르게 된다. 이 기도를 유지할 때 우리는 육체적으로 찬양을 표현할 때 경험한 것과 같은 돌파로 인도 받게 된다. 하나님의 현저한 임재를 인식하게 되는 것이다. 아니면 우리의 몸과 생각이, 영이 이미 주님의 임재 가운데 체험하고 있는 실재를 더 큰 분량으로 체험하게 되는 것이라고 말할 수도 있다.

기도를 통해 비밀을 드러내라

구체적으로 영으로 하는 기도는 우리로 하여금 성령께서 가르쳐 주시는 기도하고 생각하는 방법의 실재에 접근할 수 있게 해준다. 예수께서는 제자들에게 당신의 승천 이후에 아버지께서 바로 이 목적을 위해 성령을 보내 주실 것이라 설명하셨다.

그러나 진리의 성령이 오시면 그가 너희를 모든 진리 가운데로 인도하시리니, 그가 스스로 말하지 않고 오직 들은 것을 말하며 장래 일을 너희에게 알리시리라.(요 16:13~14)

이것은 영광스러운 약속이지만, 성령께서는 확성기에 대고 말씀하시는 것이 아니며 우리의 청각을 사로잡기 위해 다투는 것은 주님의 음성만이 아님을 이해해야 한다. 우리의 생각을 주님께서 말씀하시는 주파수에 맞추려면, 우리 스스로의 생각에서 오는 소리들을 낮추고 주님을 듣고자 기다림으로, '듣는 자세'를 취해야 한다.

나는 이것을 '**주님의 음성 안에 기대기**'라고 부른다. 방언 기도는 우리의 초점을, 우리를 산만하게 하는 것들로부터 전환시키는 동시에 주님의 임재를 인식하고 그분의 음성 안에 기댈 수 있게 도와주는 강력한 무기다.

이 자세는 계시의 영을 초청해 "**우리의 이해의 눈**"(엡 1:18 참조)을 밝혀 준다. 이해는 모든 사람들이 자연적으로 갖기를 갈망하는 것이다. 특별히 삶에 일어나는 일들의 이유를 이해하고 싶어하는데, 비극과 위기의 때에 더욱 그렇다. 성경에 대한 우리의 이해와 주변에서 일어나고 있는 일들을 조화시킬 수 없는 것 같을 때, 스스로 이유를 만들어 내는 것은 결코 온당치 않다. 때로는 목회자나 다른 사역자들이 이러한 압력을 못 이겨 하나님께서 설명하고 계시지 않은 일을 설명하려 한다. 그러한 압박의 때에 정말로 나쁜 신학이 탄생된다. 인공적인 평안을 가져다주면 사람을 기쁘게 하지만, 그것은 하나님의 성품이 아니다.

성경은 우리가 어떻게 기도할지 모를 때 성령께서 친히 우리를 위해 기도하여 주신다는 위로를 준다(롬 8:26). 하지만 성령께서는 그때 또 우리에게 방언이라는 놀라운 선물을 주사, 우리의 이해가 부족할 때에 주님과 동의하여 기도할 수 있게 해주신다. 게다가 우리의 생각이 성령의 말씀을 인식할 수 있는 주님의 임재에 대한 인지로 우리를 이끄는, 성령 안에서의 기도는 우리에게 정말 필요한 이해를 허락해 준다.

바울이 지시한 대로(고전 14:14) 이해를 가지고, 성령과 함께 기도하는 데로 들어갈 때 우리는 기도 가운데 하나님과의 동의의 수준을 더욱 높일 수 있다. 성령 안에서의 기도가 기도 중에 하나님과 동의할 수 있는 능력을 증대시킨다는 사실이 기도가 어떻게 우리의 믿음을 세워 주는가를 이해하는 열쇠다. 방언 기도는 인간의 지성을 우회하며, 성령으로 잉태된 우리의 믿음을 즉각 활성화시킨다. 왜냐하면 믿음은 머리에서 나오는 것이 아니기 때문이다. 우리가 하늘과 어느 만큼 동의하는가와 우리가 증거하는 믿음의 수준 간의 상관 관계는 예수의 사역과 그분께서 하신 일을 어떻게 할 수 있다고 설명하셨는지를 보면 가장 확실히 이해된다. 주님께서는 그저 아버지께서 하시는 것을 본대로만 행하시고, 아버지께서 말씀하시는 것을 들은 대로만 말씀하신다고 하셨다(요 5:19, 12:49 참조).

그 분께서 행하시고 말씀하신 모든 것이 하나님 아버지와 완벽한 일치를 이루었기 때문에, 그분께서 행하시고 말씀하신 모든 것은 믿음으로 이루어져 그분의 주변에 아버지의 왕국의 실재를 풀어놓게 되었다. 이러한 하나님의 임재에 대한 지속적 연결이 하나님께서 누구신가, 그분께서 어떻게 역사하시는가에 대한 이해를 높여 준다. 이것이 신자의 믿음의 핵심이다. 최종 결과는 우리가 실제로 그분처럼 생각하고 행할 수 있게 되는 것이다.

하나님과 기도하라

이러한 이유로, 하나님께서 우리를 부르신 목적이 되는, 가장 효과적인 기도 생활은 기도 제목을 던져두고 그중 하나가 응답되기를 바라는 삶이 아니다. 매번 결과를 내는 믿음의 기도는 주님의 마음에 가까이 끌려 그분께서 하고자 하시는 일에 대해 듣고 할 수 있는 기도다. 그러면 우리는 동역자로서 위임 받은 권세의 자리에 설 수 있고, 우리의 상황에 대해 주께서 하신 말씀을 선포할 수 있다. 하나님께서 우리 인생의 문제를 덮치사 해결해 주시기를 구하는 것은 하나님께서 찾고 계신 종류의 믿음을 요하지 않는다. 제자들은 자신들의 삶을 위협하는 폭풍에 대해 어떻게 좀 해주시라고 예수를 깨웠을 때 이것을 발견했다. 먼저, 그들은 세상의 구원자께 바보 같은 질문을 한다.

"우리가 죽게 된 것을 돌보지 아니하시나이까?"(막 4:38)

그리고서 예수께서 문제 해결하시는 것을 경이감으로 바라보았다. 더욱 허를 찌른 것은 기도에 응답하신 뒤 주님께서 돌아서 그들의 믿음 없음을 꾸짖으셨다는 사실이다. 대부분의 사람들이 절박할 때 하나님께 도움을 요청하는 것이 현실이다. 그러나 절박이라는 것이 항상 믿음의 표현은 아니다. 하나님께서 찾으셨던 것은 선포를 통해 하나님의 뜻을 실행할 능력을 줄 수 있는 믿음이었다. 그것은 산을 움직이는 믿음이요, 이번 경우에는 폭풍을 없애는 믿음이다.

성경은 주님께서 우리를 그분의 집으로 지어가실 때 성령께서 따라가시는 계획에 대해 아주 명확함을 기억하라. 그분과 협력하면, 우리는 예수와 꼭같이 보이기 시작할 것이다. 이 때문에 나는 하나님께서 모든 신자가 점점 더 하나님께서 하고 계신 일을 많이 보고, 하고 계신 말씀을 많이 듣는 자리로 나아가며 그분과 믿음으로 동의하는 발걸음을 내딛는 성숙에 이르기를 갈망하신다고 믿는다. 그리스도께서 그러셨던 것과 똑같이 말이다. 그리고 성령께서 숨겨진 것들을 드러내도록 신자들에게 주시는 맨 처음 은사 중 하나가 방언으로 기도하는 능력이다. 왜냐하면 주님께서는 우리에게 이 도구가 있어야 우리의 마음과 생각, 몸을 훈련하여 그분께서 하고 계신 일을 인지하고 거기에 동의할 수 있음을 아시기 때문이다.

이 도구를 사용하여 "우리의 가장 거룩한 믿음으로 스스로를 세우는" 법을 배울 때, 성장의 표징 중 하나가 하나님께서 점점 그분께서 즉각적으로 고쳐 주시리라 기대하는 마음을 "젖 떼듯" 떼주시는 것이다. 그 대신, 우리는 주님의 음성 안에 기댈 때까지, 그래서 그분의 말씀을 듣고 우리의 삶에 대해 선포를 하는 믿음으로 설 때까지 상황이 전혀 변하지 않는 것을 발견하게 될 것이다. 그리고 이 방법을 배울수록, 우리는 기도 응답을 받는 것이 놀랍고 중요하지만 기도의 친밀함 속에서 주님의 음성을 듣는 것이 우리의 힘과 생명의 참된 근원임을 알게 된다.

약속에 붙들리라

하나님의 약속들을 묵상하면 강해진다

6

이 책 전체를 통해 나는 우리가 스스로를 강하게 하기 위해 사용하는 도구들이 우리의 정체성과 목적에 연결되어 있도록 돕게 설계되어 있음을 보이려 하고 있다. 어쩌면 당연한 말일 수도 있지만, 우리는 하나님께서 우리의 정체성과 목적이 무엇인지를 말씀해 주시기 때문에 알 뿐이다. 우리의 생각을 새롭게 하는 데에는 우리 삶에 대한 하나님의 말씀이 우리의 존재에 대한 옛 믿음을 전적으로 취소시키도록 하는 법을 배워야 한다. 주님의 말씀이 우리 안에 현저히 드러나는 것을 보기 전에도 말이다. 그렇게 우리는 믿음을 나타내는 것이다.

왕으로서 다윗의 운명은 왕좌에 오름으로 시작된 것이 아니라, 하나님께서 사무엘 선지자를 통해 그 운명을 선포하심으로 시작되었다. 어쩌면 그 말씀이 참이라는 것을 나타낼 수 있는 증거라고는 사무엘의 선포와 자신의 머리에 부어진 기름에 대한 스스로의 기억 밖에 없었던 광야의 날들도 있었을 것이다. 하지만 다윗이 중단하거나 지름길을 택하지 않고 성취에 이르기까지 자신의 사명을 추구했다는 사실은 그가 하나님의 말씀을 믿었다는 분명한 증거다. 그의 믿음은 상황에 근거한 것이 아니라 자신과 함께하신 역사들을 통해 스스로 아는 하나님에 근거한 것이었다.

사라와 같이 그도 "**약속하신 이를 미쁘신 줄 알았다.**"(히 11:11)

약속의 잠재력을 풀라

우리는 거듭날 때 신자를 위해 주신 하나님의 모든 약속을 유업으로 받는다. 베드로는 이 "**보배롭고 지극히 큰 약속**"이 우리로 "**신성한 성품에 참여하는 자**"가 되게 한다고 말한다(벧후 1:4 참조). 이 약속들은 그리스도처럼 될 수 있는 우리의 잠재력을 풀어 준다. 하지만 세 가지가 이뤄질 때까지 우리는 이 약속들을 진정으로 소유할 수 없다. 먼저는 약속이 성령에 의해 우리 심령에 말씀될 때 소유를 시작한다. 앞 장에서 보았듯, 성령께서는 그리스도의 것을 취하여 우리에게 선포하신다. 다가올 일들을 말씀하시는 것이다 (요 16:13~14 참조). 성령의 선포는 하나님 왕국의 약속들을 우리의 계좌 속에 두신다는 것이다. 하나님께서 우리에게 말씀하실 때면, 그분의 예언적 기름 부으심이 그 말씀 가운데 풀어진다. 그 말씀은 다른 사람을 통해서나, 나에게 누가 해준 기름 부으심의 기도를 통해서, 혹은 말씀을 읽는 가운데 불쑥 튀어나온 구절, 꿈, 환상 내지는 속사람에게 말씀하시는 잠잠하고 세미한 성령의 음성을 통해 올 수 있다. 그 기름 부으심은 무엇일지를 말씀하지 않고, 무엇일지를 창조한다. 마치 말씀의 성취로 향하는 철로가 눈앞에 놓여 있는 것과 같다.

하나님께서는 거짓말을 하신다는 것이 불가능하다. 주님의 말씀은 항상 그분의 성품과 특성에 완전히 합치되기 때문에, 그 말씀 자체가 그분의 말씀하신 바를 성취하는 능력을 풀어놓는다. 이것이 마리아에게 선포한 천사의 말이다.

"하나님의 모든 말씀은 능하지 못하심이 없느니라."(눅 1:37)

"말씀"이라는 단어는 레마인데, 이제 막 전해진 하나님의 말씀을 가리킨다. "불가능"이라는 단어는 능력이 없음을 의미한다. 이 구절을 문자적으로 확장하여 해석해 보면, "하나님께로부터 이제 막 전해진 말씀이 스스로 역사할 능력을 내포하지 않고는 네게 결코 임하지 않는다!"는 것이다.

하나님의 약속들 안에 있는 이 잠재적 능력은 우리가 약속하신 분의 신실하심을 신뢰할 수 있는 이유에 대한 이해를 높여 준다. 그리고 신뢰를 실질적으로 나타내는 것이 우리의 약속들을 소유하기 위해 우리에게 일어나야 할 다음 단계다. 감사하게도, 우리는 주님께 그분의 말씀이 진리임을 신뢰한다는 것을 보여드리기 위해 그 말씀을 이해할 필요는 없다. 그저 말씀을 받음으로 우리의 사명을 향한 철로를 따라 움직이기 시작하는 것이다. 마리아는 아기인 그리스도를 잉태하리라는 놀라운 약속을 듣고 그렇게 행했다. 천사에게 이렇게 답했다.

"말씀대로 내게 이루어지이다(눅 1:38)."

천사가 그녀에게 한 말을 다 이해하거나, 그것이 어떻게 성취될 것인지를 이해할 수 있는 방법은 도저히 없었다. 마리아가 알아야 할 것은 주님께서 말씀하셨고, 자신은 그분을 신뢰할 수 있다는 것뿐이었다. 그 믿음의 결과로, 마리아는 영원히 "복 되다" 불리게 된다. 얼마나 대단한 운명인가!

약속들을 소유하기 위해 우리에게 세 번째로 일어나야 하는 일은 약속에 대한 우리의 믿음이 시험을 통해 증명되는 것이다. 바울은 디모데에게 이런 지시를 했다.

"아들 디모데야, 내가 네게 이 교훈으로써 명하노니 전에 너를 지도한 예언을 따라 그것으로 선한 싸움을 싸우며(딤전 1:18)."

성령께서 우리의 계좌에 약속을 하나 선포하실 때는, 우리의 무기고에 무기도 하나 넣어 주신다. 이것이 의미하는 바는 두 가지다. 먼저, 우리는 우리에게서 그 말씀을 훔쳐가려 하는 누군가에 맞서 싸워야 할 경우가 많을 것이다. 둘째, 약속을 이용하여 약속을 위해 싸우면 승리할 것이다. 이것은 그리스도의 생애를 통해 나타난다. 예수께서 세례를 받으실 때 아버지께서 그에게 선포하셨다. "이는 내 사랑하는 아들이요 내 기뻐하는 자라." 그리고선 광야로 이끌려 가사 마귀에게 시험을 받으셨다. 그는 말했다.

"네가 만일 하나님의 아들이라면…"

원수는 하나님께서 직전에 하신 말씀에 직접 도전했다. 예수께서는 성경으로 대답하셨다.

"사람이…하나님의 입으로부터 나오는 모든 말씀으로 살 것이라(마 4:4)." 주님은 하나님께서 그 약속을 하신 분이시며 하나님의 말씀은 생명의 근원이라는 사실을 기초로, 아버지의 약속 위에 서셨다. 그 말씀 밖에서 무의미하게 그분의 삶을 규정하는 일에 시간을 쏟기를 거부하셨다. 그분의 삶에 주어진 아버지의 말씀이 진리라는 충분한 증거를 갖고 계셨는데, 그것은 그 성취의 증거를 보았기 때문이 아니라 말씀을 듣고 받았기 때문이었다.

성취를 위한 자세

예수의 대답은, 약속이 성취되는 것을 보기 위해 우리가 취해야 할 자세는 오직 하나님께서 우리에 대해 하신 말씀 외의 다른 어떤 것도 우리를 정의하지 못하게 하는 것임을 가르쳐 준다. 예수께서는 마가복음 7장 13절에서 바리새인들을 꾸짖으신다.

"너희가 전한 전통으로 하나님의 말씀을 폐하며 또 이같은 일을 많이 행하느니라…"

다시 말해 바리새인들이 하나님의 말씀 대신 인간의 해석과 관례에 따라 자신들과 세상을 정의하기를 고집했다는 것이다. "폐했다"라는 단어는 **"무력하게 만들다"**라는 뜻이다. 우주에서 가장 강력한 것, 즉 하나님의 말씀의 플러그를 뽑아버린 이미지를 연상케 한다. 그 어떤 것도 주님의 말씀은 온전히 갖춰진 상태로 임한다는 사실을 깎아내릴 수 없다. 하지만 우리는 하나님께서 말씀하신 바 밖에서 우리의 인생을 정의하기로 선택하여, 그 능력에 대한 접근성을 차단시켜 버릴 수 있다.

하나님의 말씀으로 우리 자신을 정의하는 데에는 그 말씀에 동의하여 생각하도록 우리의 이성을 지속적으로 훈련시키는 일이 요구된다. 이것은 우리 자신에게 자주 하나님의 약속을 상기시켜 줘야 함을 의미한다. 하지만 거기서 멈춰선 안 된다! 그 약속들을 묵상하는 법을 배우라. 마리아처럼 그것들을 귀히 여기고 우리 마음 가운데 상고해야 한다(눅 2:19 참조). 동양의 명상은 사람들로 하여금 생각을 비우게 하려 하지만, 성경적 묵상은 우리의 생각-과 입-을 진리로 채우는 데에 집중한다. 여호수아 1장 8절은 말씀한다.

"이 율법 책을 네 입에서 떠나지 말게 하며, 주야로 그것을 묵상하여 그 안에 기록된 대로 다 지켜 행하라. 그리하면 네 길이 평탄하게 될 것이며 네가 형통하리라."

히브리어의 "묵상하다"라는 단어의 의미 중에는 "중얼거리다"라는 뜻이 있다. 묵상에는 하나님의 말씀을 크게 소리내어 반복하는 일이 수반된다. 여호수아에게 말씀하신 바와 같이 하나님께서 하신 말씀을 규칙적으로 반복하는 것이 그 말씀을 행하는 우리의 능력에 열쇠가 된다. 우리의 삶에 대해 말씀을 선포하고 주님과 뜻을 합하여 우리의 사명을 예언할 때, 그 말씀의 성취를 더 큰 폭으로 넓히는 성령의 기름 부으심을 풀어놓는다.

이 구절은 이렇게 할 때, 실제로 우리의 길을 형통하게 만드는 것이라고 말씀한다. 하나님의 약속들을 묵상하는 것은 우리가 할 수 있는 일이며, 우리 인생이 어디로 향할 것인가를 결정하는 데에 책임감을 가지고 해야 할 일이다. 주님 안에서 힘을 얻어, 정체성과 목적 가운데 행하도록 하는 데에 필수적인 도구다. 하나님의 약속들을 묵상하면 강해질 것이다.

배의 방향타를 담당하라

나는 내게 선포된 약속들과 예언들을 받아적는다. 배의 방향타처럼, 그것들은 내 생각과 갈망, 그리고 궁극적으로 내 인생의 방향을 결정한다. 짧은 것들은 색인 카드에 적고, 긴 것들은 컴퓨터 파일로 저장한다. 그것들은 서류가방에 넣어 두고 어딜 가든 가지고 다닌다. 그리고 자주 읽어 본다. 나는 시간의 절반가량을 길에서 보내기 때문에, 특히 비행기에서 그것들을 묵상하려고 가지고 다닌다. 종종 주변에는 애플이나 포드 자동차 같은 회사를 대표하는 각종 기업인들이 보인다. 보통 그들은 사업 계획서나 전략 회의를 위한 메모들을 훑어본다. 하지만 나는 나에 대한 그리스도의 생각을 검토한다. 그 작은 색인 카드들은 내가 하나님의 왕국을 대표하며, 내 마음과 몸이 이 세상에 권세를 위임 받아 온 사람으로서의 역할과 책임에 대해 항상 최신의 인식을 가지고 있어야 함을 상기시켜 준다. 나는 하나님께서 머리에 갖고 계시지 않은, 나에 대한 생각들을 내 머리 속에 가질 수 없다. 하나님께서 나에 대해 하시는 말씀에 따라 나 자신에 대해 생각하도록 내 머리를 계속해서 훈련하지 않으면, 그분의 목적을 성취하는 데에 지속적인 효과를 낼 수 없다.

또한 성령께서 내 삶을 위한 말씀으로 내 마음에 활성화시켜 주신 말씀 구절들을 규칙적으로 읽는다. 주님께서는 그분의 선포를 통해 그 약속들에 대한 개인적 소유권을 주셨다. 이 약속들은 마치 어떤 저택에 나만을 위해 설계된 방과 같다. 하나님 안의 영역이며, 위대한 처소다. 로마서 8장 23절은 우리가 우리의 사명이 성취되는 것을 보고자 하는 갈망으로 "속으로 탄식한다"고 말씀한다. 나는 이것이 시편 기자가 "깊음이 깊음을 부른다(시 42:7)"고 표현한 것이라고 믿는다. 내 심령의 깊은 외침은 그분의 아들인 내가 잠재성을 성취하기를 보고자 하시는 여호와의 깊은 갈망을 부른다. 주님께서 내게 선포하신 그 성경 구절에 예언된 잠재성 말이다. 마음이 무겁거나 낙심이 들면, 나는 그 처소의 실재를 감지하기까지, 그리고 내 심령에 그 약속이 다시 불타오르는 것을 느끼기까지 이 구절들을 읽는 것이다. 여호수아 1장 5~9절은 35년 동안 내 "방"이었다. 그저 내가 암송한 구절이 아니다. 내 인생을 향한 여호와의 말씀으로, 자주 찾아가 쉼과 생기를 얻으며, 나의 신성한 목적에 대한 관점을 새롭게 하는 곳이다.

하지만 어쩌면 이 행위의 가장 중요한 부분은 시편이라는 책에서 얻은 나의 경험과 관련 있을 것이다. 정신적 혹은 감정적인 폭격을 맞거나, 영적으로 진이 빠지고 믿음의 투쟁을 하게 될 때면 나는 시편으로 향한다. 내가 내 음성을 들을 때까지 읽고, 계속해서 읽는다. 인류에게 알려진 모든 인간적 환경이 시편의 노래들에 나타난다. 그리고 나는 내 상황을 다뤄줄 무엇인가가 거기 있음을 안다.

나는 시편의 책들에서 내 마음의 외침을 찾기까지 20편 이상을 읽은 적이 있다. 그리고 그렇게 할 때 나는 안식처를 발견한다. 거기 머물러 그것을 계속 읽음으로써 내 영혼을 먹인다. 때로는 즉흥적인 멜로디에 그 말씀을 노래로 부른다. 또 시편에 논의된 내용들을 찬양 중에 "무기"로 사용한다. 하지만 마귀에게 초점을 두지는 않는다. 나는 이 처소를 이용해 어느 구멍에 빠지든지 "믿음의 탈출구"를 찾아낸다.

약속의 유산

우리의 삶에 주어진 여호와의 약속들을 "보배로이 여기고 상고하는" 것은 중요하다. 여호와의 음성에 대해 우리가 표현하는 가치가 얼마나 많은 약속들을 우리의 삶 가운데로 끌어오느냐를 결정한다. 로마서 10장 17절은 "**믿음이 들음에서 난다**"고 말씀한다. 그리고 히브리서 11장 33절은 믿음을 통해 옛 성도들이 "**약속을 얻었다**"고 말씀한다. "듣는 것"과 "약속을 얻는 것" 사이를 연결해 주는 것은 믿음이다. 주님의 약속들을 마음 가까이 두고 기도와 묵상을 통해 우리의 영혼의 닻을 그 안에 내림으로써 그 약속들을 보배로이 여길 때, 우리는 그것들이 참임을 믿는다고 증거하며, 또한 그 약속들을 우리에게 주신 분께 대한 실질적 신뢰를 보이는 것이다. 그 신뢰는 더 많은 것들로 우리를 신뢰하실 수 있음을 주님께 보여드리는 것이다.

성령께서 물려 받은 약속들을 우리의 계좌로 이체시키라고 지시하셨다는 사실은 우리가 그분을 듣는 지속적 관계를 가져야 함을 분명히 가르쳐 준다. 인생은 이미 선언된 모든 말씀으로 말미암는 것이 아니라, "**여호와의 입에서 나오는**" 모든 말씀으로 말미암는다(마 4:4). "나오다"라는 동사가 현재 시제로 쓰인 것에 주목하라. 우리를 생명과 목적의 처소로 인도하는 것은 성경의 모든 페이지에 성령의 입김이 불어질 때다. 듣는 바를 취하여 묵상하고, 그것이 우리의 사고, 애정, 행동을 훈련하도록 하여 우리 안에 거하는 말씀이 되도록 해야 한다. 내주하는 말씀은 성령의 음성이 임할 때 그것을 인식할 수 있게 해주는, 성령의 음성으로 공명하는 실재를 우리 삶 가운데 만들어 준다. 예수께서는 이 점에 대해 바리새인들을 꾸짖으셨다.

또한 나를 보내신 아버지께서 친히 나를 위하여 증언하셨느니라. 너희는 아무 때에도 그 음성을 듣지 못하였고 그 형상을 보지 못하였으며, 그 말씀이 너희 속에 거하지 아니하니 이는 그가 보내신 이를 믿지 아니함이라. 너희가 성경에서 영생을 얻는 줄 생각하고 성경을 연구하거니와 이 성경이 곧 내게 대하여 증언하는 것이니라. 그러나 너희가 영생을 얻기 위하여 내게 오기를 원하지 아니하는도다.(요 5:37~40)

다시 말해, 말씀이 우리 안에 거하고 있다는 표징은 하나님의 임재를 인지하며 그분께서 뭘하길 원하시는지에 대한 믿음이 있다는 것이다! 또한 주님의 꾸짖음은 우리가 성경에 대해 필사적으로 그리스도의 인격을 향함으로 반응하면, 우리 안에 그 내주하는 말씀을 확립할 수 있도록 성경이 도와줄 수밖에 없다는 것을 암시한다. 계시는 우리를 신성한 만남으로 이끌거나, 반대로 더 종교적(능력 없이 모양만 갖추고 만족)으로 만들 뿐이다 성경에서 약속을 받을 때, 그것은 그 말씀을 주시고 이루시는 분을 구하고 싶은 마음을 촉발시켜야 한다. 반면 우리 안에 내주하는 주님의 말씀이 없을 때, 그것이 시사하는 바는 위중하다. 바리새인들은 역사상 최악의 오류를 범했다. 그들은 메시아가 오기를 기도했지만, 그분의 존재를 보고도, 자신들 가운데 계신 그분을 알아보지 못했다. 이 모든 것은 그들 안에 내주하는 말씀이 없었기 때문이다. 요한복음 5장 38절의 말씀을 보라.

"그 말씀이 너희 속에 거하지 아니하니 이는 그가 보내신 이를 믿지 아니함이라."

우리는 여호와의 입에서 나오는 모든 말씀으로 산다. 마찬가지로 그 말씀을 듣고 거기에 따라 살지 못할 때, 우리는 스스로 생명에서 잘려 나오는 것이다. 너무나 많은 것이 걸려 있기 때문에, 나는 여러분 각자가 삶에 대하여 주신 예언의 말씀과 약속들을 수집해 기록할 것을 강하게 촉구하고 싶다. 위험 부담을 져야 한다! 확신이 들지 않는 것들은 기록해 두고, 하나님께서 그 위에 생기를 불어넣으사 각자에게 생명이 되게 하시는지 보라. 그리고 그만큼 중요한 것은, 자주 돌아보는 것이다.

또한 "주님의 음성 안에 기대는" 자세로 성경을 읽을 것을 촉구하고 싶다. 하나님께 무엇을 받느냐는 전적으로 기대에 달렸다. 단순히 정보나 질문에 대한 답, 논점을 위한 "증거 문서"를 얻기를 기대하는 것이 아니라 성령께서 펼쳐진 페이지 안에서 말씀을 취하사 우리의 심령 가운데 개인적인 것으로 "예치"시켜 주시는 음성을 찾아야 한다. 그 음성을 들으면, 영 가운데 "와! 이게 무슨 의미인지는 아직 전혀 모르겠지만 정말 맞는 이야기네!"라고 말하게 하는 구별된 공명이 있을 것이다. 그것을 받아, 기록하고 묵상하여 자신의 삶에 대하여 선포하라. 그리고 영원한 목적을 따라 자신을 이끌게 하라.

증거를 두라

∽

하나님의 증거는 여러 세대를
그분의 약속에로 연결시켜 준다

∽

7

믿음의 승리

이 지구의 왕이요 제사장으로서 우리는 이중적 책임을 띠고 있다. 먼저는 인간의 대표로서 중보를 통해 하나님께 나아가는 것이요 둘째는 인간에 대해 하나님의 대표로서 하나님의 왕국 복음을 선포하고 나타내는 것이다. 그리스도께서는 이 두 가지 역할 모두에 있어서 우리의 본이 되신다. 죽음으로 예수께서는 하나님께 죄악된 인성을 대표하여 우리 대신 심판을 받으셨다.

이제 "그는 항상 살아계셔서 [우리를] 위하여 간구하신다(히 7:25)." 그리고 하나님께로부터 온 대표로서 인간들에게 하신 일은 골로새서에 나온다. 그리스도께서는 "보이지 않는 하나님의 형상"으로서 "하나님께서 모든 충만을 그의 안에 거하게 하시기를 기뻐하셨다(골 1:15, 19)." 이것은 예수께서 완벽한 신학이심을 의미한다. 그리스도 안에 계시되었음이 보이지 않는, 하나님께 대한 무언가를 믿고 싶은 유혹에 빠진다면 거부하는 게 낫다. 생애와 사역 가운데, 예수께서는 완벽하게 아버지를 다시 나타내셨다re-presented. 아버지께서 하신 행동과 말씀을 하심으로써 말이다. 예수께서 보여주신 주요한 진리 중 하나는 능력을 나타내지 않고는 하나님을 정확히 대표하는 것이 전혀 불가능하다는 사실이다. 기적은 예수와 엄청난 기름 부으심을 받은 몇몇 사역자만 행하는 것이 아니다. 그리스도 위에 있었던 기름 부으심은 모든 성도에게 주어진, 동일한 성령이다. 그분은 우리에게 하나님의 왕이요 제사장단의 일원이 될 자격을 주시고 기적의 영역을 통해 하나님께서 어떤 분이신지를 나타냄으로써 그리스도의 사역을 이어가도록 부르셨다.

증거들은 하나님의 성품을 계시한다

하나님의 백성들이 합법적으로 기적의 영역에 접근하는 것이 신자로서의 정체성과 목적에 필수적 요소임을 부인하도록 수년간 귀신들의 교리가 역사해 왔다. 감사하게도 이 계시는 이제 광범위하게 회복되고 있다. 그와 더불어 우리가 물려 받은 가장 심오한 보물과 도구들, 즉 증거라는 계시가 임한다. 증거는 하나님께서 행하신 모든 일들의 서면 혹은 구두 상의 기록이며, 그 기록의 모든 부분은 우리가 거듭난 순간부터 우리의 가족력이 된다.

다윗은 선포했다. "주의 증거들로 내가 영원히 나의 기업을 삼았사오니 이는 내 마음의 즐거움이 됨이니이다(시 119:111)." 이것은 하나님께서 지금껏 행하신 모든 기적과 표적의 모든 이야기가 우리의 이야기라는 뜻이다. 왜냐하면 그 일들을 일어나게 하신 하나님과의 관계가 생겼기 때문이다.

하나님의 증거는 기적의 영역을 통해 그분께서 어떤 존재이신지를 나타내는 우리의 목적 가운데 행할 수 있도록 무장시켜 주는 도구다. 첫째, 그 증거들은 하나님의 성품과 하나님께서 일하시는 방법, 그 분의 방식을 보여 준다. 둘째, 하나님께서 어떤 분이신지에 대한 인식은 하나님의 방식이 우리의 삶에 나타나기를 바라는 기대를 마음 가운데 만들어 준다. "증거"라는 단어의 히브리 어원은 "다시 하다"라는 의미를 갖는다.

하나님께서 지난 세대들 가운데 하신 일에 대한 모든 기록은 우리 삶 가운데 무슨 일을 하실 것인가에 대한 약속이다. 왜냐하면 그분께서는 어제나 오늘이나 영원토록 동일하시며, 사람을 차별하는 분이 아니시기 때문이다(히 13:8, 행 10:34 참조). 뿐만 아니라 계시록 19장 10절은 이렇게 말씀한다. "예수의 증언은 예언의 영이라."

앞장에서 보았듯, 예언적 기름 부으심은 하나님께서 하고자 하시는 일을 그저 선포하는 것이 아니라, 선포되는 바를 실현시킬 수 있는 창조적 능력을 담고 있다. 증거가 이 기름 부으심을 풀어놓는다. 하나님께서 행하신 일을 선포할 때, 능력이 풀어져 그 증거가 말씀을 듣는 이들의 삶 가운데 다시 행해지게 만든다.

하나님의 증거는 각 세대의 신자들을 그분의 언약 약속들로 연결시켜 주는 것이다. 이 때문에 하나님께서는 모세의 율법에 이스라엘 백성들을 위한 구체적 지시 사항들을 두사, 그 증거를 매일 같이 리허설하고 자녀들에게 가르치도록 하셨다. 이스라엘의 사회와 가정 생활 전체가 이 증거의 반복 위에 세워졌다(신 6장 참조). 또한 이들은 하나님께서 하신 일을 나타내기 위해, 요단 강을 건너 약속의 땅으로 들어간 뒤 하나님께서 세우라고 명령하셨던 것과 같은 기념석들을 세워야 했다. 하나님의 증거들은 여러 세대를 그분의 약속에로 연결시켜 준다. 다음 세대의 자녀들이 이 돌을 지나다가 질문을 하면, 부모들은 그곳을 건넌 일에 대한 증거를 주어야 했다(수 4:5-7 참조). 동시에 "이분께서 너의 하나님이시기도 해! 너는 하나님께서 우리에게 주신 이 땅과 약속들을 상속하는 것이고, 주님께서는 너희 세대에 이 약속들을 지키실 준비가 되어 계시단다"라는 의미를 전달해야 한다. 다윗은 이렇게 설명했다.

여호와께서 증거를 야곱에게 세우시며 법도를 이스라엘에게 정하시고 우리 조상들에게 명령하사 그들의 자손에게 알리라 하셨으니, 이는 그들로 후대 곧 태어날 자손에게 이를 알게 하고 그들은 일어나 그들의 자손에게 일러서 그들로 그들의 소망을 하나님께 두며 하나님께서 행하신 일을 잊지 아니하고 오직 그의 계명을 지켜서(시 78:5~7)

기대감을 만들라

증거를 지키는 일은 이스라엘로 하여금 "소망을 하나님께 두도록" 했다. 다시 말해, 하나님께서 기적적인 능력의 침투를 통해 그분의 약속들을 지키시리라는 기대감을 보존하셨다는 것이다. 하나님께 대한 기대가 우리의 믿음의 수준을 결정한다. 그리고 우리는 "주님의 계명들을 지키기" 위해 믿음을 가져야만 한다.

그리스도의 모든 명령, "아픈 자의 치유"로부터 "이웃 사랑"까지 모든 것은 믿음을 통해 임하는, 하나님의 영의 초자연적 능력 부여를 통해서만 가능하다. 마찬가지로 옛 이스라엘 백성들은 하나님께 적들로부터 약속의 땅을 취하여 나라를 세우라는 임무를 받았다. 이것은 전적으로 믿음을 통해 하나님의 능력의 침투에 스스로를 정렬시킬 수 있느냐에 달린 임무였다.

주님께서는 불가능한 일들을 할 전략과 힘을 그들에게 주셨다. 하나님께서 말씀하시고 행하신 바를 기억하고 그 전략들로 믿음의 발걸음을 내딛으면, 그들은 초자연적 승리를 거뒀다. 하지만 그들이 증거 지키기를 중단했을 때, 기적의 영역에 대한 믿음은 감퇴되었고 주님의 계명에 대한 순종도 마찬가지였다. 구약의 이스라엘 역사를 공부해 보면, 하나님과의 언약 가운데 행하기를 그친 모든 세대가 전부 하나님의 역사를 잊었기 때문에 그렇게 하였음을 알게 된다. 다윗은 시편 78편에서 그러한 세대를 설명한다.

에브라임 자손은 무기를 갖추며 활을 가졌으나 전쟁의 날에 물러 갔도다. 그들이 하나님의 언약을 지키지 아니하고 그의 율법 준행을 거절하며, 여호와께서 행하신 것과 그들에게 보이신 그의 기이한 일을 잊었도다(시 78:9~11).

이 사람들은 싸움을 위해 무장이 되어 있었음을 볼 수 있다. "**무기를 갖추며 활을 가지고**" 있었다. 문제는 그들이 준비도 안 됐는데 하나님께서 전투에 보내신 것이 아니었다. 그들은 하나님께서 조상들에게 행하신 일들에 대한 증거를 가지고 있었으며, 그것을 선포했다면 그들에게 믿음으로 나아갈 용기를 주었을 뿐 아니라 그러한 역사를 반복할 예언적 기름 부으심을 풀어놓았을 것이다. 문제는 이들이 그것들을 잊어버린 것이었다. 그러니 싸움을 마주하는 데에 필요한 힘과 믿음이 부족했던 것이다.

태만의 대가

나는 가장 기이하고 경탄스러운 일들, 특히 기적적인 일들을 잊어버리는 인간의 능력에 놀라움을 감출 수 없다. 하지만 보통은 하루아침에 일어나는 일이 아니다. 망각은, 예컨대 즉각적으로 치유된 암에 대해 점차 이야기를 덜 하게 되는 아주 자연적인 경향으로 시작되는, 하향의 소용돌이다. 다른 것들이 생각을 점유하기 시작한다. 하지만 그때, 우리의 대화와 생각 가운데 증거가 차지하는 양이 줄수록 기적을 보고자 하는 우리의 기대감도 더욱 낮아지게 된다. 낮아진 기대감은 기적을 볼 수 있는 기회를 알아보고 선택하는 데서 우리를 멀어지게 한다. 그리고 기적을 적게 체험할수록 우리는 그에 대해 적게 이야기하게 된다. 적게 이야기하면, 기대도 적고 체험도 적다. 그러다가 마침내 우리는 암에 걸린 사람을 만나 "하나님, 도와주세요!"라고 외치는 지경에 이른다. 우리의 기대와 믿음은 작다. 전에 하나님께서 이 문제를 고치시는 것을 보았는데도 말이다. 무장되었고 활을 들고 있지만, 사실을 망각했다. 그리고 하나님께서 하신 일을 기억하고 증거에 나타난 것과 같은 믿음으로 일어나지 않으면, 우리는 코앞에 놓인 신성한 승리의 기회로부터 돌아서게 될 것이다.

구약을 공부해 봤다면, 이스라엘이 증거를 지키고 자신들의 땅에서 적들을 물리치는 데에 실패한 것이 심각한 결과를 초래했음을 알 것이다. 오히려 자신들의 영토 안에 적들과 공존하기로 선택함으로, 그들은 우상 숭배에 취약해지게 되었고 그 때문에 하나님과의 언약을 깨고 온갖 종류의 저주와 문제들을 삶 가운데 들여놓게 되었다. 이들은 하나님의 백성으로서의 정체성을 상실하고 주변의 어느 민족처럼 되어버렸다. 증거를 지키지 못할 때 우리는 하나님께서 누구이신지를 잊어버릴 뿐 아니라 우리가 누구인지를 잊게 된다. 이스라엘처럼, 세상의 다른 이들로부터 신자들을 구별시켜 주는 유일한 것은 하나님께서 우리 가운데 역사하신다는 실재뿐이다.

그에 대한 시력을 잃어버리면, 우리는 다른 이들과 다를 것이 없어진다. 다만 한 가지, 더 심각한 결과를 맞게 될 것이다. 왜냐하면 우리는 증거를 통해 받은 하나님의 계시에 대한 책임이 있기 때문이다. 증거가 하나님께 중요한 것임을 잊을 때, 우리는 사람들이 그분을 만날 기회를 박탈하는 것이다.

불가능에 침투하시는 하나님을 계속 인지하라

그 하향의 소용돌이로부터 떨어져 있어, 능력으로 하나님을 나타낼 책임을 수행하기 위해서는 어떻게 해야 할까? 하나님께서 애초에 그분의 백성들에게 주신 처방들을 그저 따르기만 하면 된다. 우리는 개인적 삶, 가정, 교회 가운데 증거의 문화를 확립해야 한다. 우리는 일어날 때, 밥 먹을 때, 출근할 때, 그리고 잠자리에 들 때 그 이야기를 해야 한다. 우리는 하나님께서 행하신 바를 상기시켜 주는 기념물들을 세우고 그것들을 꾸준히 상고해야 한다.

나는 내가 목격한 기적들을 기록하기 위한 목적으로 수년 전에 일기를 쓰기 시작했다. 일기를 쓰는 것에 뛰어나진 않지만, 나는 하나님의 능력과 내가 본 것들을 잊어버리는, 나 자신의 인간으로서의 능력에 대한 깊은 확신이 있다. 주님의 기적들을 잊어버릴 경우 닥칠 결과의 막중함을 믿기에, 나는 일기를 쓴다. 나는 내 세대에 하나님께서 간섭하신 기록들을 내 자녀와 손주들, 장래 세대에 물려 줄 빚을 지고 있다. 증거 그 자체가 그들의 유산이다.

목회자로서 나는 교역자들과 우리 회중들에게 이 원칙을 강조한다. 우리 팀은 지난 몇 주, 내지 몇 달 동안 하나님께서 행하신 일들에 대한 증거들을 한두 시간 동안 나눔으로 모든 교역자 회의와 이사 회의를 시작한다. 불가능을 침투하시는 하나님에 대한 압도적 인식 없이는, 교회의 방향에 대한 계획을 만드는 일을 감당할 수 없음을 우리는 안다. 그 인식이 부족할 때 우리에겐 믿음과 용기가 부족하고, 우리의 계획은 하나님께서 주신 임무에 못 미치게 된다. 하지만 그 인식을 가질 때, 우리는 회의를 마칠 즈음 하나님의 선하심과 능력에 놀라운 격려를 받을 뿐 아니라 하나님께서 이번 주에 다시 행하실 모든 일들에 대한 뜻을 온전히 확신하며 그 자리를 나오게 된다. 또한 우리가 접촉할 수 있는 사람들의 삶에 대하여 그 증거들을 선포할 때, 우리는 스스로 배가할 수 있는 잠재력을 가진 증거들로 가득한 무기고를 지니고 나아가는 것이다.

불가능의 영역을 침입하시는 하나님에 대한 인식을 계속하여 갖고 있지 않으면, 나는 사역을 내 사역적 은사로 끌어내릴 것이다. 우리가 받은 모든 은사들은 배 위의 돛과 같다. 우리는 항구(교회)에 앉아 서로의 돛을 보고 칭찬해 줄 수 있다. 하지만 바람이 없이 돛은 무가치하다! 우리의 은사는 하나님의 바람을 타고 인간적으로 불가능한 것을 성취하도록 고안되었다. 증거가 우리의 돛을 올려 붙들어 준다.

우리 교회와 사역 학교에서는, 증거의 가치를 나와 똑같이 포용하고 있다. 교역자 및 이사 회의에서 나누는 많은 증거들은 그들의 이야기다. 그러니까 하나님의 능력으로 사역만 하는 것이 아니라, 그에 대해 이야기하고 우리에게도 들려 준다는 것이다. 이 증거 문화의 가장 의미심장한 열매는 우리가 듣는 이야기 중 점점 더 많은 수가 증거를 나누는 것과 관련되어 있다는 사실이다.

어느 일요일, 나는 증거의 능력에 대해 가르치면서 예배 중에 영상을 하나 틀었다. 내반족을 치유 받은 어린 남자 아이가 뛰어다니는 모습이었다. 이 영상을 본 뒤, 사역 학교의 몇몇 학생들은 너무나 흥분이 되어서 그 다음날 쇼핑몰에 가서 만나는 모든 이들을 위해 기도해 주었다고 한다.

그들은 쫌쇠와 지팡이를 가지고 걷는 여자를 보고, 그녀가 기적의 표적이 되리라고 자연스레 생각했다. 그들은 그 여자에게 말을 걸어 발을 치유 받은 소년 이야기를 나눴다. 감동 받은 그녀는 자신의 무릎을 위해 기도해 달라고 했다. 그녀는 종양이 있다고 했다. 종양은 사라졌고, 그녀는 쫌쇠를 풀게 되었다. 그랬더니 기도하던 한 청년이 이렇게 말했다. "하나님의 불이 여기 등에 임하고 있습니다." 그러면서 한 지점을 가리켰다. 놀란 그녀는 아무한테도 이야기하지 않았던 그 종양이 사라졌음을 알게 됐다! 그녀는 한 손으로 쫌쇠와 지팡이를 들고, 또 한 손엔 손주를 안고 쇼핑몰에서 걸어나왔다. 학생들은 그녀가 손주에게 이렇게 말하는 것을 들었다. "더

이상은 이런 게 필요 없단다."

이 여인은 증거의 예언적 능력을 체험했다. 증거를 선포함으로써 하나님께서 같은 일을 다시 행하실 수 있는 신성한 순간이 창조되었다! 그리고 증거들이 나눠질 때 일어난 기적들은 계속해서 배가할 것이다. 우리 공동체에서만 아니라, 전 세계에서 말이다. 어쩌면 내가 다른 나라에 가서 증거의 능력을 가르칠 때만큼 사람들이 "교회를 하는" 방식이 극적으로 바뀌는 계시를 본 적이 없던 것 같다. 왜냐하면 이것이 신자들을 하나님 안에 있는 자신의 참된 정체성과 목적으로 돌이켜주기 때문이다.

증거를 통해 유업을 남기라

증거를 지키는 것은 하나님께서 지도자들에게만 아니라 이스라엘의 모든 남녀에게 주신 책임이었다. 각 사람이 생활 방식으로서 증거를 지킬 책임이 있다는 사실은 이것이 우리가 스스로를 강하게 하기 위해 사용해야 하는 주요한 도구라고 규정한다. 우리는 다른 이들이 우리를 위해 증거를 저장해 주기를 기대할 수 없다. 우리의 대화 가운데 증거를 지켜갈 뿐 아니라, 묵상도 해야 한다. 묵상이 강력한 것은 우리의 상상력을 요하기 때문인데, 상상력은 실제로 우리를 엄청난 수준의 체험으로 이끄는데 체험은 생각을 새롭게 하는 데에 필수적인 부분이다.

시편 66편의 저자는 이렇게 기록했다.

"와서 하나님께서 행하신 것을 보라…하나님이 바다를 변하여 육지가 되게 하셨으므로 무리가 걸어서 강을 건너고."

이 저자는 하나님께서 홍해와 요단 강을 가르시는 것을 봤을 리가 없다. 하지만 영감 있는 상상을 통해, 그는 이 기적들을 체험하는 수준에 이를 수 있었고 그 덕에 이 사건들을 자기 자신의 역사로 소유할 수 있게 되었다.

기적을 많이 보지 못했다고 생각하는 사람이라면, 먼저 하나님의 모든 이야기들이 우리의 것임을 기억해야 할 것이다. 우리 것이기 때문에, 성경의 증거들을 연구하고 역사 속에 남은 성도들과 현재 주변에 있는 성도들 모두의 증거들을 수집해 그것들을 묵상할 수 있도록 해야 한다. 증거들을 묵상할 때 우리의 이성은 믿음의 영역에서 생각할 수 있는 훈련을 받게 된다.

다윗은 증거들을 연구한 것이 하나님께 대한 강력한 계시로 나아갈 수 있게 해주었다고 분명히 말한다.

"내가 주의 증거들을 늘 읊조리므로 나의 명철함이 모든 스승보다 나으며(시 119:99)."

그리고 그러한 계시의 수준 덕에 다윗은 구약에서 왕과 제사장이라는 이중직을 행한 유일한 사람이 되었다. 성령을 통한 손상 없는 하나님과의 교제를 체험하기 전에 증거들이 다윗을 그 사명에 이를 수 있게 했는데, 하물며 내면에 계시의 영을 가진 지금 우리가 사명으로 들어가는 것이야 어떻겠는가?

왕과 제사장으로서 우리의 정체성은 온전히 하나님 안에 있는 우리 가족의 역사라는 기초 위에 서 있다. 우리의 출신을 모른다면, 어디로 향하는지 어떻게 가야 하는지도 알 수 없다. 우리는 증거를 지키는 법을 배워야 한다.

다윗이 승진한 비결

거인들을 쓰러뜨리고 싶다면,
거인을 쓰러뜨리는 이를 따라하라!

8

믿음의 승리

내 삶에 주어진 하나님의 약속들과 예언들을 먹고 살며 주님의 증거들을 묵상하는 생활 방식을 개발하고 보니, 재미있는 일이 벌어졌다. 이제 증거를 가진 이들이 계속해서 나를 찾는데, 그것이 마치 열추적 미사일 같다. 증거가 본성적으로 예언적 기름 부으심을 담고 있기 때문에, 나는 마치 지속적으로 예언을 받는 것 같다. 그 결과 나는 전 세계 어디에 있든지 꾸준히 격려와 힘의 공급을 받게 되었다. 놀랍다. 하나님께서 가치를 두시는 것들에 가치를 둘 때, 하나님의 축복은 끝까지 우리를 좇아온다.

예수께서는 우리가 주님의 증거와 약속들을 얼마나 가치 있게 여기느냐가 그것들을 얼마나 우리의 삶 속으로 끌어오느냐를 결정한다고 설명하셨다. "너희가 무엇을 듣는가 스스로 삼가라. 너희의 헤

아리는 그 헤아림으로 너희가 헤아림을 받을 것이며, 더 받으리니(막 4:24)." 분명 예수께서는 단순히 물리적으로 소리를 인식하는 행위에 대해 말씀하신 것이 아니다. 주의를 기울이는 의지가 수반되는 듣기를 말씀하시는 것이다. 들을 때 우리는 우리가 듣는 바로 하여금 주의와 초점을 사로잡도록 허락하는 것이고, 그것은 또 우리의 신념과 가치에 영향을 미친다. 이 신념과 가치들은 궁극적으로 우리가 우리의 환경 가운데서 선택하는 음성들을 결정하는 우리의 귀에 대한 기준을 설정한다. 이 기준은 또한 특정한 사람들이 다른 이들보다 우리에게로 더 이끌리게 만든다.

나는 증거에 가치를 둠으로써 내 귀에 기준을 세웠기 때문에, 같은 기준을 가진 사람들을 끌어온다. 반면 불경한 기준을 가진 사람들은 그러한 기준을 가진 사람들끼리 모인다. 우리가 뒷담화를 좋아한다는 평판을 가진 사람을 데려다가 만난 적이 없는 50명의 사람들과 함께해야 하는 일을 맡긴다면, 일주일 내에 그곳의 뒷담화를 좋아하는 다른 모든 사람들이 그에게 끌릴 것이다. 우리의 가치는 영적 세계의 것들을 소통하며, 그것은 동일한 가치를 가진 다른 이들을 우리에게 알려 준다.

귀를 위한 기준을 세우라

우리가 우리 귀에 대하여 세우는 기준도 우리 스스로를 강하게 할 수 있는 능력을 결정 짓는다. 왜냐하면 스스로를 강하게 하는 일은 다른 누구보다 하나님의 음성을 듣기로 하는 우리의 선택에서 시작되기 때문이다. 그렇지만 스스로를 강하게 하는 법을 배운다고 해서 우리가 스스로의 힘의 근원이라는 뜻이 아님을 명확히 하고 싶다. 오히려 반대다. "내게 능력 주시는 그리스도를 통해서 내가 모든 것을 할 수 있느니라(빌 4:13)." 그리고 그리스도께서는 "능력의 말씀으로 만물을 붙드신다(히 1:3)." 이 만물엔 우리가 포함된다. 그러므로 우리의 무기고에 있는 모든 도구는 주님의 음성을 들음으로 우리에게 주어진 힘으로부터 끌어오도록 우리를 도와주기 위해 설계된 것이다. 듣는 것은 주님의 음성에 순종함을 통해 그 분과의 합의를 정립하도록 해주며, 우리의 합의는 삶과 환경 속으로 천상의 힘과 자원들을 풀어놓는다. 하지만 방금 설명한 바와 같이, 우리가 우리 귀에 대하여 정하는 기준이 하늘의 관점으로 말하고 살아가는 다른 사람들과의 관계를 통해 천상의 힘을 끌어올 수 있다. 그러므로 우리와 같은 가치를 가진 사람들과 목적 있게 교류하고 그렇지 않은 사람들과의 관계를 통제함으로써 우리는 스스로를 강하게 할 수 있다.

나는 우리가 성령께서 인도하시는 사람이면 누구에게든, 모두를 대상으로 사역을 하도록 부르심 받았다고 확신한다. 우리는 그들을 무조건적으로 받아들이고 하나님의 사랑과 능력을 보여 줘야 한다. 분명 우리가 같이 사업을 하도록, 친구가 되도록 하나님께서 부르시는 사람들이 있을 것이다. 일정 기간 동안 예수를 소개해 주기 위해서, 혹은 믿음의 제자 훈련을 시켜주기 위해서 말이다. 하지만 이러한 류의 관계는 우리가 친구의 관점과 가치에 스스로를 열어두는 우정의 관계와는 전적으로 다른 이야기다. 우리는 누가 우리에게 가깝고, 우리 삶에 입력되는 정보를 제공하는지에 대해 조심해야 할 필요가 있다.

언약의 사람들로부터 임하는 힘

우리의 친밀한 우정 관계, 특별히 배우자와의 그것은 강력하다. 왜냐하면 언약에 근거해 세워진 것이기 때문이다. 언약은 우리의 삶을 통치하는 영적 실재가 다른 사람에게로 흘러가도록 하고, 또 반대로 상대의 것이 흘러오게도 하는 상호 간의 합의를 확립시킨다. 이 때문에 삶을 통해 하나님 왕국의 열매를 일관되게 보여 주는 사람들과의 우정을 발전시키는 것이 너무나 필수적인 것이다. 믿음의 사람들과의 언약적 우정을 신실하게 관리할 때, 많은 경우 우리는 어려운 때를 견딜 수 있는 능력을 크게 결정 짓는, 계속해서 커지는 힘의 근원에 연결된 상태로 있을 수 있게 된다.

나는 복 되게도 진실된 믿음을 가진 사람들과 가까운 우정을 가질 수 있었다. 그들과 함께 있기만 해도 소망에 차고 힘이 붙는 것을 여러 차례 반복적으로 경험했다. 나는 당시 내가 직면했던 어려운 상황들을 이야기조차 못할 때가 종종 있었지만, 만남을 가지고 나면 용기가 생겼다. 여기에는 여러 가지 이유가 있다. 먼저 교제할 때마다 서로에 대한 사랑과 존경이 생명의 교환을 낳는다. 내 친구들은 믿음의 사람들이기 때문에, 자연스럽게 소망과 약속, 기쁨을 뿜는다. 그들과 함께 있으면 그들의 태도와 영성에 금세 전염된다. 하지만 그보다 더한 것은, 성령을 좇아 서로를 아는 지식에 기초해 세워진 언약적 우정은 각자가 그리스도 안에서 누구인지에 대한 자각으로 돌이키는 효과가 있다. 그러한 것들에 대한 비전이 새롭게 될 때, 그러한 관계들은 우리의 목적과 정체성에 대한 연결 상태를 새롭게 해주고, 많은 경우 우리의 힘도 그렇게 해준다. 이 때문에 나는 피곤하거나 낙심됐을 때 스스로를 강하게 하는 가장 좋은 방법으로 친구 한 명을 붙잡아 함께 시간을 보낸다.

정원에 잡초가 자라지 못하도록 관리하라

반면, 감정적으로 취약한 장소에 있을 때, 혹은 육체적으로 피곤하기만 해도 불평을 하거나 비판적인 사람들 주변에는 절대 있지 않도록 해야 함을 알게 됐다. 항상 나는 부정이나 불신에서 시작해 말을 하는 사람들을 분별하여, 그들과 교제하는 것에 대해서는 개인적으로 경계를 강하게 그어왔다. 보통 그들에 대해 사역은 하지만, 그들이 내 삶에 접근하지는 못하게 한다. 하지만 내게 힘이 부족할 때는 의도적으로 피하려 한다. 긍휼이 없는 사람처럼 보일 수도 있지만, 의심과 판단으로부터 마음을 지켜야 하는 것은 내 자신의 책임이고, 그러한 영에 동의하는 이들의 영향력에 대하여 언제 내가 취약한지는 나만이 알 수 있다. 사람들의 성격과 가치가 가진 강력한 효과에 대해 솔로몬은 이렇게 경고하였다. "노를 품는 자와 사귀지 말며 울분한 자와 동행하지 말지니, 그의 행위를 본받아 네 영혼을 올무에 빠뜨릴까 두려움이니라(잠 22:24~25)."

불경한 조언이라고 해서 전부 불경한 자들에게서 오는 것은 아니다. 많은 이들이 선의를 가지고 있지만, 내가 얻으려고 노력하는 믿음의 관점을 가지고 있지 않으며, 내가 하나님께 대한 신뢰 가운데 더 강해지도록 도와주려기보다 사실 그들과 같아지도록 만드는 데에 힘쓰는 경향이 있다. 내가 할 일은 그러한 영향력으로부터, 특히 내가 취약할 때, 나 자신을 보호하는 것이다. 마음은 정원이다. 어떤 이들은 잡초를 심는 데에 뛰어나고, 어떤 이들은 하나님의 왕국을 심는다. 우리가 해야 할 일은 그 차이를 아는 것이다.

고독의 장소

복음서는 예수께서 제자들을 무리에서 떼어 데리고 가서 안식하며 오붓한 시간을 보내셨던 경우들을 구체적으로 언급한다. 부흥의 역사는 하나님의 사람들 중 실제로 이것을 어떻게, 언제 해야 하는지를 배운 경우가 아주 적음을 증거하며 가르쳐준다. 너무나 많은 사례를 통해, 수천 명의 사람들에게 구원과 치유, 놓임을 전하는 경이로운 기름 부으심을 가졌던 사람들이, 육체적으로 쉼을 취하고 자신의 초점을 하나님 왕국에로 다시 확정해 줄 가족 및 친구들과의 생명을 낳는 관계를 일구는 법을 배우지 않으면 사역을 지탱할 수 없었다. 그러한 까닭에, 이러한 부흥 운동가들 중 많은 이들이 젊은 나이에 죽고 그 유족들은 영육 간에 고통 당한 경우가 많았다.

이 이야기들이 우리에게 가르쳐 주는 교훈을 놓쳐선 안 된다. 우리가 하나님께서 더 커다란 은혜와 기름 부으심으로 위임하사 왕이요 제사장으로서의 목적을 성취하게 해주실 수 있는 사람들이 되려면, 어려운 사람들을 이끌 수 있는 실재에 대해 준비가 되어야만 한다. 사람들의 필요는 우리에게 막대한 압력을 가할 수 있고, 그 압력은 우리 마음속에서, 예수께서 하고 계신 일만이 아니라 다른 이들의 기대를 충족시키기를 신경쓰는 부분들을 드러낼 것이다. 예수께서는 사역 중에 많은 이들의 필요를 채워 주셨지만 동시에 다른 여러 어려운 사람들을 지나치셨다. 주님께서는 한 명의 인간으로서 그분이 해야 할 일 가운데 성공을 할 수 있는 유일한 길이 단순한 인간적 필요가 아니라 실제 아버지의 마음인 곳에 스스로를 두는 것을 행동의 동기 삼는 것임을 이해하셨다. 예수께서는 인간의 필요가 아닌 아버지의 마음에 감동되어 움직이셨다.

아버지와 우리 삶에 주어진 가까운 언약적 관계들의 친밀함에서 오는 힘이, 사람들을 기쁘게 하거나 도우려는 수고가 아닌 믿음과 하나님께 대한 순종을 동기로 사역을 할 수 있는 능력을 거의 결정 짓는다. 사역적 관계를 위해 자신을 지나치게 확장하는 데에 가장 취약한 사람들은 친밀함—하나님이나 다른 이들과의 관계 모두에 있어—의 문제로 힘들어 하는 이들이다. 사역은 연결되고 사랑 받는다는 느낌을 줄 수 있는 좋은 곳이겠지만, 사실 언약적 우정으로만 말미암는 책임이 없이는 그냥 탈진 내지 타협을 위해 준비되고 있는 상태일 뿐이다. 그래서 하나님께서 많은 사역자들을 일정 기간 사역에서 떼어내 자신과 일만 하는 것이 아니라 친구가 되는 법을 배울 수 있게 하시는 것이다. 모든 참된 열매는 주님과의 친밀함을 통해 흐른다.

나는 사명이라는 궤도에 바로 서 있기 위해 우리가 극복하는 법을 배워야 할 방해요소가 크게 세 가지 있음을 발견했다.

첫째, 마귀로부터의 방해가 있다. 마귀는 우리를 죄로 잡아넣기 위해 우리의 옛적 두려움과 중독을 건드린다. 점진적으로 우리의 생각이 변화되며 감각이 하나님께 대해 고프고 주리도록 훈련될수록, 그러한 유혹은 사실 더이상 그다지 관심을 끌지 못한다.

둘째, 그 변화의 과정에서 우리는 우리 스스로의 방해 요소를 더 많이 마주하게 된다. 우리의 옛적, 한정된 사고 방식이 하나님께서 가르쳐 주고자 하시는 것을 인식하고 거기에 반응하지 못하도록 하는 것이다.

하지만 결국 우리가 피해야 할, 가장 어려운 방해 요소는 마귀나 우리 자신에게서 오는 것이 아니다. 하나님께로부터 오는 것들이다. 축복과 호의, 번영, 기적 그리고 하나님께서 우리 삶에 부어 주시는 모든 놀라운 선물들이다. 분명 주님께서는 우리가 즐기고 성공하라고 그것들을 주셨다. 하지만 거기에는 우리가 친구 되신 주님 이상으로 그 우정의 혜택들을 선택하는지를 드러내는 길이 있다.

하나님과의 언약 관계, 그리고 우리와 가장 가까운 이들과의 언약 관계에서 오는 혜택에 의해 관성적으로 움직이기 시작할 때면 항상 사랑을 위반하게 된다. 마음속에는 이 관계들을 관계 자체를 위하여, 또 우리가 거기에 기여할 수 있는 것들을 위하여 의도적으로 추구하겠다는 자세를 유지해야만 한다. 또한 우리는 우리가 언약 관계에 있지 않은 사람들의 필요가 결코 우리의 친밀한 관계에 무엇을 기여해야 하는지를 정하지 못하도록 해야 한다. 그들을 축복하는 데에 우리가 가진 힘을 사용하겠다는 헌신은 사실 우리 자신이 힘이 필요하게 될 순간을 위해 심는 것이다. 그것이 우리 아버지의 왕국의 성질이다.

건강한 유머

마지막으로 한 가지 짚고 넘어가자. 어려울 때에 내 삶에 일관되게 기여하는 믿음의 사람들 대부분은 대단한 유머 감각을 가진 사람들이다. 나는 스스로를 너무 심각하게 대하고 어려운 때에 웃음에 저항하는 경향이 있다. 시련 중에 기뻐하려면 믿음이 있어야 한다. 하지만 긴장을 풀 수 있을 정도로 신뢰할 수 있는 사람들과 함께 있는 것은 웃음이 쉽게, 자주 나타날 수 있는 분위기를 조성하는 데에 도움이 된다. 때로는 그저 함께 있는 것, 재미있는 이야기를 하고 기쁜 경험들을 나누며, 심지어 나 자신을 비웃는 것이 바로 의사의 처방일 때가 있다. 웃음은 진정 양약이다.

절박한 외침

∞

나의 문제가 아닌 하나님의 응답에 초점을 맞춰라

하나님께서는 우리가 성공하기를 원하신다!

성령께서는 마르고 거친 시간을 통해
우리가 스스로를 지탱할 수 있도록 물을 주실 것이다

∞

믿음의 승리

이 책에 등장하는 도구들은 우리가 주님 안에서 스스로를 강하게 할 수 있는 방법들에 대한 방대한 목록으로서 제시한 것이 아니다. 단지 내가 경험을 많이 한 것들만 언급했다. 나의 목표는 하나님께서 우리에게 사명을 성취하는 데에 필요한 모든 것으로 무장시켜 주셨음을 확증하는 것이다. 복잡하지 않다.

가장 중요한 것은 그리스도의 몸된 교회가 우리의 사명의 위대함에 대한 계시에 완전히 사로잡히는 것이다. 이러한 이해가 없이 어쩌면 스스로를 강하게 하는 법을 배우는 데에 필요한 대가를 치를 의지가 생기지 않을 것이다.

예기치 못한 기쁨

성령께서는 우리가 어떤 존재가 되도록 부르심을 받았는지를 보여 주실 수 있는 유일한 존재다. 이래서 성령의 확증이 우리가 살면서 받는 가장 귀중한 은사 중 하나인 것이다. 안타깝게도 수년간 이 은사는 그와 정반대되는 것으로 혼동되어 왔다. 그것은 바로 원수의 정죄다. 확증과 정죄의 차이를 가장 극명하게 보여 주는 것은 느헤미야 말씀이다.

느헤미야는 바벨론 유수 이후 예루살렘 성벽을 재건하고 도성을 복구하는 책무에 있어서 끌려갔던 유대인들을 이끌었다. 한 시점에는 사람들이 장로들이 율법 책을 읽고 설명해 주는 것을 들음으로써 하나님과의 언약을 새롭게 하는 날을 따로 정했다. 그 전에는 수년간 율법을 들은 적이 없었는데 말이다. 읽혀진 말씀을 이해하자 이들은 자신들의 삶에 대한 하나님의 기준이 얼마나 높으며 자신들이 지금껏 얼마나 그에 못 미치게 살아 왔는지를 보았다. 자연스레 그들은 통곡하며 애석해했다. 하지만 느헤미야와 다른 지도자들은 성령의 확증에 대한 이 반응을 교정해 주었다.

백성이 율법의 말씀을 듣고 다 우는지라. 총독 느헤미야와 제사장 겸 학사 에스라와 백성을 가르치는 레위 사람들이 모든 백성에게 이르기를 오늘은 너희 하나님 여호와의 성일이니 슬퍼하지 말며 울지 말라 하고, 느헤미야가 또 그들에게 이르기를 너희는 가서 살진 것을 먹고 단 것을 마시되 준비하지 못한 자에게는 나누어 주라. 이 날은 우리 주의 성일이니 근심하지 말라. 여호와로 인하여 기뻐하는 것이 너희의 힘이니라 하고, 레위 사람들도 모든 백성을 정숙하게 하여 이르기를 오늘은 성일이니 마땅히 조용하고 근심하지 말라 하니 모든 백성이 곧 가서 먹고 마시며 나누어 주고 크게 즐거워하니 이는 그들이 그 읽어 들려 준 말을 밝히 앎이라(느 8:9~12).

모태 신앙으로 자란 많은 이들에게 있어 성경에서 가르치는 하나님의 생활 기준에 따라 살지 못한다는 사실을 인해 통곡하는 것은 확증과 회개의 합당한 표징이다. 그리고 성결은 일반적으로 기쁨이 아니라 침울함과 눈물과 연결된다. 그와 같은 가치 체계의 성향이 우리로 하여금 삶에 여러 가지를 잘못된 꼬리표를 붙이게 했다. 예컨대 우울해 하는 사람들을 "선지자"나 최소한 "중보자"라고 하는 흔한 표현들 말이다. 하지만 무너진 예루살렘 성을 재건하는 느헤미야의 이야기에서 우리는 성결이 기쁨 및 환희와 더 관계가 있음을 발견한다. 제사장들이 공개석상에서 하나님의 말씀을 읽었을 때 이스라엘은 통곡을 금지 당했다. 하나님께서 요구하신 바에 한참 미치지 못했는데도 말이다. 통곡하지 말라는 경고를 받았다. 오히려 기뻐하며 축제로 축하하라는 것이었다. 엄청나게 충격적인 일이다! 죄인들이 성결로 부르시는 하나님 말씀을 이해했기 때문에 기쁨으로 축하하라는 말씀이다!

확증에 대한 최선의 반응이 침울해하는 것이라는 발상은, 우리가 그리스도 안에서 높은 부르심에 미치지 못한 부분들을 드러내 주시는 성령의 목적에 대하여 스스로 눈을 가리는 잘못된 믿음에서 파생된 것이다. 회개로 이끄는 경건한 슬픔이라고 말씀하시는, 눈물의 장소가 이 과정 중에 있다. 하지만 하나님을 우리의 모든 행보에 대해 불만족스러운 율법주의적 아버지로 잘못 바라볼 때, 우리는 변화를 일으키는 주님과의 만남으로 이끌어야 할 것을 왜곡시키게 된다.

반대로 많은 이들은 거룩해지려는 육체적 시도 가운데 침울한 태도를 계발해 나간다. 그 결과 주님의 은혜의 충만을 오해하고 유용하게 되는데, 주님의 은혜는 우리의 죄를 용서할 뿐 아니라 우리가 그분처럼 살도록 능력을 준다. 이러한 믿음은 형제들의 고소자 사탄에게 우리가 삶 속에서 죄나 연약함의 부분들을 볼 때 목소리를 높일 수 있는 기회를 만든다. 그리고 우리에겐 소망이 없다고 납득시킨다. 우리는 그의 고소가 경건한 확증이라고 생각하는 기만에 빠진다. 왜냐하면 변화해야 한다는 사실을 부정할 수 없기 때문이다.

초점의 전환이 필요하다

진짜 문제는 우리에게 부족한 면에 있는 것이 아니라, 하나님께서 하신 말씀에 우리가 어떻게 반응하느냐에 있다. 하나님의 응답보다 우리의 문제에 초점을 더 두는 것은 우리가 사실 성령의 확증이 아니라 정죄를 마주하고 있다는 결정적 증거다. 하나님의 응답에 대한 초점이 중요하지 문제가 중요한 것이 아니다. 성령께서 어떤 면이 우리에게 부족했는지를 보여 주실 때 나타나는 더 큰 실재는 우리가 사명 가운데 행하고 있지 않은 부분들이 아니라 그 사명 자체다. 너무나 많은 이들이 로마서 3장 23절을 읽고서 우리에게 영광의 운명이 주어졌다는 사실보다 모두가 이르지 못했다는 사실에 더 초점을 둔다.

"모든 사람이 죄를 범하였으매 하나님의 영광에 이르지 못하더니."

성령의 확증은 사실 초점을 우리의 죄와 한계로부터 돌리라는 부르심이다. 이렇게 말씀하시는 것과 같다.

"너는 이 정도를 위해서 만들어진 게 아니야. 고개를 들어 높은 곳을 바라보거라."

새로운 관점은 압도적으로 불가능해 보일 것이다. 그렇게 할 때 우리는 주님께 이끌릴 가능성이 더 높아지고, 그분의 은혜를 인하여 우리의 사명 안으로 더 들어갈 수 있게 된다.

성령의 확증의 목적을 인식할 때 주님께서 우리로 하여금 삶 가운데 직면하게 하시는 갖가지 시험들을 해석할 방법을 이해하기 시작한다. 진짜 시험은 우리의 힘에 도전하는 상황들이 아니라 우리의 약점을 드러내는 것들임이 분명하다. 다윗에게 주어진 가장 큰 시험은 골리앗에 맞선 게 아니었다. 스스로를 강하게 하는 데서 온

고충에 대한 자신의 취약점을 극복하는 것이었다. 틀린 생각을 바로잡고 옛 행동 양식들을 변화시킬 때, 마귀와 세상이 우리를 통해 하나님의 생명의 흐름에 대해 가할 수도 있는 위협은 놀랍게도 점점 적어진다.

하지만 앞서 언급했듯 우리가 잊어버리는 것은 하나님께서 우리를 모든 싸움을 위해 준비시키신다는 것이다. 우리는 약함이 노출될 때, 그것은 하나님께서 이미 극복하는 데에 필요한 도구들을 주셨기 때문임을 기억해야 한다. 이 때문에 하나님께서는 이스라엘 백성들에게 자신들의 부족함을 마주할 때 기뻐하라고 명하신 것이다. 성령께서는 그들의 사명에 대해서 확증해 주셨을 뿐 아니라, 약속으로 무장시켜 주셨다.

"여호와를 기뻐하는 것이 너희의 힘이니라."

다시 말해, 우리의 삶에 대한 여호와의 기쁨이 사명을 향해 걸음을 내딛는 데에 필요한 힘을 갖고 있다는 것이다. 그러면 어떻게 그 기쁨을 얻을까? 기뻐한다. 약속에 대해 우리의 몸과 영혼을 맞춘다. 왜냐하면 그 자세가 약속의 성취를 불러오는 것이기 때문에 그렇다. 확증에 대한 이러한 반응이 하나님께서 찾으시는 것이라는 사실이 이해가 되는 것은, 여기에 믿음이 요구되기 때문이다. 스테이크 경마에서 〈리더스 다이제스트 Reader's Digest〉를 상품으로 받고 기뻐하기란 쉽지만, 우리가 갈망하는 돌파에 이르기 전에 기뻐하려면 믿음이 있어야 한다.

받기 위한 위치

사명에 대한 약속들을 받는 데는, 6장에 언급한 것처럼, 스스로를 특정한 방식으로 위치하게 할 필요가 있다. 예수께서는 제자들에게 계명을 주셨다.

"볼지어다. 내가 내 아버지께서 약속하신 것을 너희에게 보내리니 너희는 위로부터 능력으로 입혀질 때까지 이 성에 머물라(눅 24:49)."

나는 이 약속이 구원에 대한 것이 아님을 지적하고 싶다. 예수께서는 이미 그들에게 숨을 불어넣어 주시고 말씀하셨다.

"성령을 받으라(요 20:22)."

아버지께서 처음 생명을 아담에게 불어넣어 주셨던 것과 직접적으로 닮은 것을 했다. 시편 102편 18절의 약속을 성취시킨 것이었다.

"이 일이 장래 세대를 위하여 기록되리니 창조함을 받을 백성이 여호와를 찬양하리로다."

구원의 만남은 이 새로운 피조물을 우리 삶 가운데 구체적으로 가져다 주는 것이기 때문에, 나는 이 순간이 제자들이 거듭난 순간이라고 믿는다. 오순절도 또 다른 행사였다. 두 번째 횃불. 구원이 소위 적자에서 그들을 구해 주었다면, 오순절은 사람들을 데리고 흑자로 들어가, 더 일관되고 다른 이들에게 거저 나눠 줄 수 있는 능력으로 사역하는 것이었다.

그렇다면 구원과 오순절 사이에 무슨 일이 일어나야 했을까?

"더불어 마음을 같이 하여 오로지 기도에 힘쓰더라(행 1:14)."

여기서 "힘쓰다"라는 단어는 "꾸준하게 주의를 기울이다, 인내하고 실신하지 않다, 상시 준비된 상태로 있다"라는 뜻이다. 제자들은 예수께서 자신들에게 주신 약속이 그냥 일어날 것이라 가정하지 않았으며 "예루살렘에서 기다리라"는 말씀이 평시처럼 놀고 사업을 하라는 뜻이라고 받아들이지 않았다. 그들은 한 곳에 머물러 기도로 겨루었다. 오순절 날에 하늘이 땅을 침투했을 때, 그것은 땅이 하늘을 열흘간 침노했기 때문이었다. 약속을 위해 믿음으로 싸운 그들은 그것을 받을 준비도 되어 있었고, 그것을 자신들에게로 이끌 능력도 있었다.

영광을 위해 지어지다

제자들은 다락방에서 스스로를 강하게 하고 있었다. 주님 안에서 스스로를 강하게 하는 것은 전적으로 우리에게 주어진 약속의 성취를 받고 돌볼 준비가 되어 있는가에 관한 것이다. "하늘을 침노한다"는 말의 의미를 생각해 보라. 우주 비행사가 지구의 대기 너머로 모험하려면, 우주 공간의 진공에 저항할 수 있는, 여압복으로 몸을 덮어야 한다. 그것이 없이는 몸이 당장에 폭발할 것이다. 하나님의 영광의 영역("영광"이라는 단어는 문자적으로 "무게"를 뜻한다)에 접근하려면 그 대기 안에 살고 이 땅에서 그 영광을 지고 다니는 자들이 되기 위해 충분한 힘을 기를 목적으로 어느 정도의 내부 압력을 가해야 할 것이다.

그리고 주님의 영광을 지닌다는 것은 우리가 창조된 목적 그 자체다. 그리스도인의 삶은 구원 받아 죽어서 천국 가는 게 전부가 아니다. 오히려 현재 천상의 실재 가운데 사는 법을 배워 그리스도와 동역하며 그분의 왕국을 이 땅에 세우는 것이다. 교회가 열방을 제자 삼고 여호와의 영광을 아는 지식이 온 땅을 덮게 하는 지상 대명령을 지나치게 단순화시킨 것은, 전적으로 참되고 지속적인 성령의 세례를 얻고자 분투한 초대교회의 바통을 이어 받는 데에 실패했기 때문이다. 사도행전이 증거하듯, 이 세례는 결코 일회성 사건이 아니라 지속적이고 연속적인 만남들을 통해 우리가 점점 더 높은 수준의 능력으로 행하며 예수께서 그분의 몸에 주신 과제를 완수하는 것을 의미한다. 사도행전 2장에 나오는 다락방에 등장한 사람들이 사도행전 4장 29~31절에 나오는 성령의 부으심에도 등장함을 주목해야 한다.

우리가 구원 시점에 받는 내주하시는 성령은 "아바 아버지"를 외치며 아버지의 마음에 끊김 없이 접근할 수 있게 해주는 입양의 영이다. 이 땅에 임할 하나님의 왕국과 그분의 뜻에 대한 지식의 계시는 이러한 만남들을 통해 나타난다. 하지만 우리가 진정으로 아버지와 그분께서 원하시는 일을 알게 될 때, 우리는 아는 것만으로는 충분치 않음을 확신하게 된다. 하나님의 총괄적 계획은 그분의 아들과 딸들의 베일을 걷어 주시는 것인데, 그러면 그들은 예수께서 죽으실 때 받으신 권능으로 행하며 모든 피조물에게 자유를 전할 것이다(롬 8:19~21 참조). 이 때문에, 성령께서는 단지 우리 안에 거하려 오신 게 아니라 지구가 가진 딜레마에 대해 예수께서 하늘의 해답을 풀어 놓기 위해 가지셨던 메시아의 기름 부으심과 같은 것으로 우리 위에 머무시기 위해 오셨다. 다시 말해 성령께서는 하나님의 왕국을 드러내기 위해 오신 것이다. 이것이 우리에게 필요한 지속적 세례다.

나는 지난 세기에 성령께서 전 세계 그리스도의 몸 대부분 가운데 다시 이 세례를 추구하고 경험하게 하신 것을 너무나 감사한다. 당황스러운 것은, 너무나 많은 신자들이 이 영광스러운 기름 부으심을 맛보고 더한 것을 평생 추구하는 일은 떠맡지 못하고 그친다는 것이다. 성령과의 체험을 통해 표적과 이사의 사역을 시작한, 내가 아는 모든 사람들은 더 깊은 만남을 추구하고 체험하는 일을 그쳐서는 안 됨을 알고 있다. 하지만 동시에 이 분투하는 여정이 청지기의 여정임도 이해한다. 부흥 운동에 속해 있는 너무나 많은 이들이 자신들이 성령의 세례를 받았을 때 받은 것을 관리할 줄 몰라, 계속 같은 자리로 돌아간다. 하나님께 다시 채워 달라고 구하면서 말이다. 이러한 사고는 하나님께서 그분의 왕국을 어떻게 확립하시는

가에 대한 근본적 이해가 없어서 발생하는 것이다.

하나님의 왕국은 어떻게 임하는가

한 번은 예수께서 왕국이 어떻게 임하는지를 제자들이 오해하고 있는 것을 지적하셨다. 수천 번의 기적과 표적, 이사가 "**천국이 가까이 왔다**"고 하신 그분의 메시지를 확증해 주는 것을 보고도 제자들은 "**하나님의 왕국이 당장 나타날 줄로**(눅 19:11)" 기대했다. 그래서 예수께서는 제자들에게 자신이 없는 동안 투자를 하라고 종들한테 각기 다른 액수의 돈을 맡겨둔 주인의 비유를 들려 주신다. 돌아왔을 때 그 주인은 각 사람을 불러 자신이 맡긴 것으로 무엇을 했는지 이야기해 보라고 한다. 그에 맞추어 그는 각 사람에게 자신의 영역 안에 있는 도시들에 대한 권세를 준다. 자신이 돌보도록 받은 것을 투자하고 관리할 수 있는 능력에 정비례하도록 말이다. 예컨대 열 개의 동전을 잘 써서 열 개를 더 번 사람은 열 개의 도시를 다스리는 사람이 되었다. 그리고 투자를 하지 않고 돈을 숨겨둔 종은 정죄를 받았다(눅 19:12~27). 하나님의 왕국은 이렇게 임하는 것이다. 전부 한 번에가 아니라, 하나님의 백성들이 최근에 받은 기름 부으심을 어떻게 관리하느냐에 따라 조금씩 조금씩. 우리는 하나님을 위하여 도시와 나라들을 취할 수 없다. 왜냐하면 주님께서 이미 소유하고 계시기 때문이다. 그래서 시편 2편에서 하나님께 열방을 구하면 우리에게 유업으로 주실 것이라고 말씀하는 것이다. 우리가 할 일은 도시들과 나라들 전체가 하나님의 의제를 가지고 잘 섬기는 자들의 의로운 영향력 아래에 들어올 때까지 하나되어 주님께서 그분의 권세로 위임하실 수 있게 하는 것이다. 이미 받은 것들에 대하여 신실한 이들에게 이러한 중대가 임한다.

그렇다면 우리가 받은 것들을 어떻게 잘 관리할 수 있을까? 하나님께서 성령을 통해 우리의 심령에 낳으신 약속과 갈망들을 이루기 위해 분투하라고 받은 도구들을 사용한다. 또한 생각과 행동을 우리가 들은 바에 맞추기 위해, 다른 구체적인 믿음과 순종의 행보를 취한다. 복음을 전파하는 것에 대한 갈구가 있다면, 차를 타고 가면서 스스로에게 시작할 수 있다. 그것이 작은 시작일 수 있지만, 믿음은 우리가 어디 있느냐가 아니라 어디로 향하고 있느냐가 중요하다고 하기 때문에, 얕볼 수 없는 것이다. 그리고 믿음은 몸의 순종을 통해 영이 놓인다는 것을 이해하는 것이다.

변화의 여정을 온전히 포용할 것이라면, 믿음은 실패에 대한 두려움을 정복해야 한다. 느헤미야 말씀이 교훈하듯, 우리의 약속과 갈망들은 보통 우리가 성품, 그리고 하나님처럼 생각하고 사는 능력이라는 면에서 더 자라야 하는 부분들에 달려 있다. 변화시킬 능력이 없었다면, 우리가 결코 받을 자격을 갖추지도 못할 약속을 하나님께서 주신다는 것은 잔인할 것이다. 하지만 부활한 그리스도의 영이 우리 육체 가운데 살기 때문에, 주님의 약속과 갈망들은 우리의 돌파에 열쇠가 된다. 우리가 약속들에 의지하여 발걸음을 내딛는 부담을 떠안을 때, 삶 가운데 부족한 부분들이 곧 하나님께서 가장 큰 승리를 전해 주고자 하시는 부분들임을 이해해야 한다.

자포자기에서 믿음으로

수년 동안 나는 하나님께서 기적의 하나님이시라고 설교했음에도 기적이 전혀 나타나고 있지 않다는 사실에 괴로웠다. 나의 체험이 내 신학이 가르치는 바를 부정하고 있었기 때문에, 좋은 신학을 가졌다는 것으로는 전혀 만족할 수 없었다.

나는 빈야드 운동The Vineyard Movement에 존 윔버John Wimber 등을 통해 치유가 나타나고 있다는 소식을 듣고, 괴로움에서 벗어나 거룩한 질투심에 사로잡히게 되었다. 이 당시에 나는 친구 마리오 무리요Mario Murillo로부터 하나님께서 내가 치유와 기적의 사역을 하게 하실 것이라는 예언의 말씀을 받았다. 나는 그 말씀을 취해 받아 적고, 규칙적으로 내 삶에 선포하기 시작했다. 10년가량 전부터 주님께서는 그분의 말씀을 성취하기 시작하셨고 복음 사역을 하는 가운데 기적이 일관되고 점진적으로 나타나는 것을 보아 왔다.

최근 마리오와 다시 연락할 기회가 있어서, 나는 그가 전해 준 예언의 말씀을 적었던, 닳은 색인 카드를 꺼내 보았다. 그 말씀을 갖기 위해 얼마나 애썼던지를 안 그는 내가 한나와 같았다고 이야기했다. 한나는 자신이 불임 때문에 가질 수 없던 아이를 가지고 싶어했다. 하지만 비통함과 낙심에 굴복하지 않고 그녀는 여호와께 부르짖었다. 그녀는 믿음으로 부르짖어야만 했다. 그 부르짖음 속에서 자신의 갈망을 완전히 여호와께 구별하겠다는 결단을 할 수 있었기 때문이다. 그녀는 자신의 갈망에 온전히 사로잡혀, 다른 이들이 자신에 대해 뭐라고 생각하는지 전혀 의식하지 못했다.

마리오는 여호와께서 나의 불임 상태를 기적의 관점에서 사용하사 한나와 같은 절박한 부르짖음을 전개할 수 있게 하셨다고 설명했다. 사람들이 나를 오해해도 개의치 않을 정도로 말이다. 그 약속을 얻기 위해 분투하는 가운데, 마침내 그 기름 부으심이 주어졌을 때 그것을 빈틈없이 지켜내 오로지 주님의 목적을 위해 사용하겠다는 나의 결단은 강해졌다. 이 결단은 약속의 성취를 체험할 수 있는, 신실한 사람이 되는 데에 필수적이었다.

예수님이 말씀하신 달란트 비유가 시사하듯, 우리가 한 "달란트"를 위임 받은 날과 하나님께서 청지기로서 어떻게 관리했는지 책임을 물으시는 날 사이의 기간은 정해지지 않았다. 나는 내게 주어진 예언의 말씀이 성취될 것을 기대하며 얼마 동안 기도하고 안수해야 할지 알지 못했다. 제2안이 없었다. 그 약속을 추구하며 살았기 때문에, 매일 그 돌파에 더욱 가까워졌다. 하나님께 받은 약속이 있다는 그 사실 자체가 주님께서 내가 무엇을 행했는가를 평가 하시고, 그 약속에 대한 청지기로서 나의 자세를 통해 그 약속 가운데 말씀하신 기름 부으심의 영역을 감당할 수 있는 준비가 제대로 됐는지를 판단하실 날이 올 것을 보장한다.

그 최종 목표에 마음을 두지 않는다면, 우리는 미약한 시작의 날을 얕볼 것이다. 그리고 그 시작으로부터 얼마나 멀리 왔는지를 알아볼 능력도 없을 것이다. 우리는 하나님의 왕국이 충만하게 임하기 전에 항상 우리 앞에 있는 가능성에 눈을 고정하면서도, 하나님께서 과거에 행하신 일들에 깊은 감사를 지속하는 법을 배워야 한다. 이러한 시각으로 우리는 또한 이 여정의 다음 국면에 무엇이 필요하든지 그것이 이미 주어졌다는 인식을 유지해야 한다. 하나님께서는 우리의 성공을 원하신다!

하나님께서는 성공을 위해 우리를 준비시켜 주셨다. 그렇다. 주님께서는 우리에게 열방을 제자 삼으라고 명령하셨다. 물론 불가능한 과제처럼 보이는 일이다. 하지만 만국의 보배이신 예수께서 우리 안에 거하신다. 우리 안에 거하사 열방을 제자화하는 불가능한 과제에 대하여 성공할 수 있는 가능성을 주신다. 우리가 할 일은 그분을 내보내는 법을 배우며, 우리가 그분을 닮아가는 만큼만 그렇게 하는 것이다. 이것은 주님과 같아지고자 하는 갈망이 그리스도인의 삶의 원동력이 되는 열정이다.

주님께서 어떤 분이시며 우리를 위해 어떤 일을 행하셨는지를 진정으로 보게 될 때, 그분의 사랑과 능력을 맛보았을 때, 우리 안에는 필사적 확신이 잉태된다. 삶에 예수의 정체성과 모순되는 영역들을 가지고는 더이상 살 수 없다는 것이다. 이 확신은 우리의 마음을 너무나 완전하게 붙들어서, 주님의 형상을 전적으로 닮게 되기까지 결코 멈추지 않겠다는 결단을 하게 한다. 그리스도를 닮아가는 가운데, 우리는 세상이 갈구하는 그 모습으로 변한다.

개인적 변화 — 궁극적 야망

주님의 형상으로 변화되는 것은 스스로를 강하게 하는 법을 배우고자 하는 우리의 우선 순위를 움직이는 열정이다. 다른 누구도 나를 위한 나의 사명을 성취할 수 없다. 다른 누구도 내 약속들을 소유할 수 없다. 안주함으로는 내 삶에 성령의 세례를 가져올 수 없다. 나의 뜻과 믿음이 나의 편안을 넘어서도록 연습하는 것은 하나님께 중요한 일이다.

한 번은 제자들이 폭풍 가운데 힘들어하는 것을 보시고, 예수께서 호수 위를 걸으셨다. 하지만 그들을 향해 가지는 않으셨다. 성경은 말씀한다. "그들에게 오사 지나가려고 하시매(막 6:48)" 주님의 제자들의 부르짖음이 그들에게로 방향을 바꾸시게 했다. 주님께서는 하나님께서 우리를 만나 주려고 하심을 보여 주신 것이다. 언제나 닿을 수 있는 곳에 계신다.

하나님께서는 이미 완전히 압도적인 사랑으로 이미 우리를 추구하셨다. 영원을 다 보내도 그 깊이를 헤아릴 수 없을 것이다. 하지만 주님께서는 그분을 추구하기 위해 사용할 수 있는 우리의 의지를 사용할 기회를 지켜 주신다. 믿음은 그렇게 역사하는 것이다. 주님께서 우리를 잡겠다고 하시면 우리는 점프한다. 왜냐하면 점프할 때에만 주님께서 약속하신 바를 행하실 수 있기 때문이다. 주님께서 요구하신 초자연적인 일을 행하겠다고 걸음을 내딛을 때에만, 이 불가능한 과제들을 이루라고 우리에게 주신 초자연적인 능력을 유용할 수 있게 된다.

고라 자손들은 힘과 성품을 성숙하게 하는 이 과정이 우리 삶 가운데 어떻게 일어나는지를 아주 잘 보여 준다.

주께 힘을 얻고 그 마음에 시온의 대로가 있는 자는 복이 있나이다.

그들이 바카 골짜기로 지나갈 때에 그 곳에 많은 샘이 있을 것이며 이른 비가 복을 채워 주나이다.

그들은 힘을 얻고 더 얻어 나아가 시온에서 하나님 앞에 각기 나타나리이다(시 84:5~7).

"바카"는 통곡을 의미하는 단어다. 통곡의 계곡은 우리 삶에 있는 온갖 어려움, 갖가지 상실, 위기, 필요나 고통을 보여 주는 예언적 그림이다. 여호와께 힘을 얻고 그 마음에 시온의 대로—경주를 끝까지 달리고 하나님께서 주신 사명을 성취하는—가 있는 자는 실망의 곳들을 취하여 샘으로 바꿔 놓게 될 것이다.

주변 상황과 개인적 약점들이 믿음과 열정의 수준을 결정짓지 못하도록 할 때, 우리는 모든 상황 가운데 승리의 비결을 발견하게 될 것이다. 자연적 환경이 제한하는 것들에 묶이는 대신, 우리는 마르고 황량한 곳에서 여호와께 마음으로 부르짖어 성령께서 이미 우리 삶에 부으신 "물"을 표면으로 끌어오기를 선택한다. 그것은 마치 물을 찾기까지 마르고 갈라진 땅을 파는 것과 같다. 하지만 이 물은 사실 엄청난 생기의 샘이다. 우리의 환경 중 가장 건조한 표면 바로 아래에 있다. 기억하라. 예수께서는 생수의 강이 우리의 심령으로부터 흘러나오리라 약속하셨다(요 7:38 참조). 성령께서는 마르고 황량한 때를 지날 수 있도록 지탱해 줄 물을 주실 것이다.

이것이 진리임을 믿는 것이 매우 중요하다. 왜냐하면 그렇게 해야 우리가 결코 물에서 멀리 떨어져 있지 않다는 의식을 가질 수 있기 때문이다! 그리고 연약함의 장소에서 하나님의 약속에 대한 마음의 열정을 각성시킬 때, 우리는 샘이 아니라 성령의 부으심을 끌어와 그곳을 덮어 연못—새로운 기름 부으심의 영역—이 되게 할 것이다. 우리의 메마른 순간들 바로 밑에 있는 샘을 발견할, 그것은 비를 끌어오는 것이다. 물은 물을 끌어당긴다. 우리 과거에 대한 성령의 역사를 바르게 관리하면(마른 땅들을 파면), 물의 부어짐을 끌어온다(다가올 일들). 이것이 하나님의 왕국에 대한 청지기 의식이다. 성령께서 우리 안에 거하시며 결코 우리에게 주실 생명이 부족하지 않음을 앎으로 우리 삶의 불모지들, 즉 이뤄지지 않은 꿈들과 커다란 실망감들을 취하는 것이다. 약속을 주신 분께서는 신실하시다. 이 청지기의 원칙에 대한 요구를 충족시키는 것이 "힘을 얻고 더 얻는" 방법이다. 그래서 결국 우리의 목적지에 이르러 "시온에서 하나님 앞에" 나타나는 것이다. 이는 죽어서 천국에 가게 될 것을 의미할 뿐 아니라 지금 당장 하늘로부터 땅에 대하여 사는 사람들이 되는 것을 뜻하기도 한다.

나의 통곡의 골짜기

2003년, 랜디 클라크Randy Clark의 글로벌 어웨이크닝Global Awakening 팀과 함께 브라질에 사역을 하러 갔을 때, 나는 의사들이 간단한 수술 과정 중에 아버지에게서 췌장암을 발견했다는 소식을 접했다. 나는 서둘러 브라질을 떠나 가족들과 함께 아버지의 사투에 가담했다.

우리 아버지는 항상 내 삶의 최고의 격려를 해주는 분이었다. 하지만 나에게만이 아니라 아버지를 아는 모든 이들에게 그랬다. 진정한 바나바—격려의 아들—였다. 아버지가 살기를 원했던 마땅한 이유들이 많았지만, 하나님께서 이곳 캘리포니아 레딩Redding에서 하고 계신 일 가운데 아버지가 계속적으로 도와줘야 함을 알고 있었다. 또한 아버지의 수고의 열매를 직접 보기를 원했다. 아버지는 내가 목회자가 되기 20년도 더 전에 우리 교회의 최초 방향성을 결정한 분이었다.

나는 하나님께 히스기야의 기적을 아버지에게도 베풀어 주시라고 구해야겠다는 감동이 들었다. 죽음을 마주한 히스기야는 하나님께 부르짖어 이 땅에서 15년을 더 살게 되었다. 하나님께서는 사람을 차별하는 분이 아니시기에, 그리고 어제나 오늘이나 영원토록 동일하시기 때문에, 그것이 이 상황에 적절한 기도 같았다. 엄청난 수의 사람들이 동일한 기도를 하며, 히스기야에게 주어진 것과 같은 연수가 아버지에게 추가로 주어지기를 구하기 시작했다. 한 번도 만난 적이 없는 한 여인이 내게 하나님께서 동일한 "히스기야의 기적"을 우리 아버지에 대한 약속으로 주셨다고 말씀하셨다고 했다. 나는 기쁨으로 그것을 받았다.

아이로니컬하게도 암은 수년간 우리 기도의 표적이었다. 암은 살아계신 하나님의 군대를 조롱하는 골리앗이 되었고, 나는 여호와의 이름을 침해하는 것에 대한 거룩한 분노가 일었다. 우리는 암이라는 이름에 대해 어떠한 존중의 마음을 보이기를 거부한다. 왜냐하면 그것은 예수의 이름보다 열등한 것이기 때문이다.

수년 동안 우리는 우리 교회 안에서, 또 우리 교회를 통해서 수많은 암들이 치유되는 것을 보았다. 실제로 우리 동네의 누군가가 직접 치유를 받은 후 소문을 퍼뜨리기 시작했다. "베델로 가세요. 그 사람들은 암을 내버려두지 않아요!" 우리 교회로 왔다고 모든 사람들이 치유 받은 것은 아니었지만, 우리는 하나님께서 그러한 돌파를 주실 것이며 궁극적으로 우리에게 "암 없는 지대"를 풀어 놓아

주실 것을 믿으며 추구한다.

다른 여러 사람들에 대한 돌파가 있었음에도, 아버지가 6개월의 사투 후 암으로 소천하자 나는 나만의 바카 골짜기에 이르렀다. 마치 6개월 동안 500kg짜리 바위를 밀고 있었던 것 같았다. 꿈쩍도 않았다. 우리 중 누구라도 하나님의 치유하시는 만지심에 들어가지 않은 낙심을 가지고 있을 때 영적 질병이 비집고 들어올 수 있다. "소망이 더디 이루어지면 그것이 마음을 상하게 하거니와…(잠 13:12)." 낙심이 내 심령을 장악하게 하면 내 안에서 역사하고 계신 하나님의 손에 대해 내 눈을 멀게 할 것을 알았다.

여호와 안에서 스스로를 강하게 하는 것은 염려로부터 충분히 오래 떨어져 있어, 중요한 발견을 할 수 있게 해줬다. 500kg짜리 바위 바로 옆에는 250kg짜리 바위가 있었다. 아버지의 사투 이전에는 건드려 본 적도 없는 것이었다. 움직이지 않는 바위를 밀다 보니 신성한 목적 가운데 살며 인내의 중추를 확립하겠다는 결의를 보강하여, 나를 강하게 해주었다.

내 초점을 바꾸기를 거부함으로 나는 이제 이 싸움 이전에는 움직일 수 없었던 250kg짜리 바위를 움직일 수 있게 되었음을 발견했다. 잠언 13장 12절에 경고된 마음의 질병으로부터 스스로를 지켜내기 위해, 나는 마음의 태도를 감시했다. 이것은 나의 통곡의 골짜기를 생기의 샘으로 바꾼 한 가지 방법이었다. 왜냐하면 마음에서 인생의 모든 문제가 흘러나오기 때문이다(잠 4:23 참조).

나는 머릿속에 하나님의 생각이 아닌 생각을 둘 여유가 없다. 하나님께서 암을 주신다는 생각을 하는 것은 크나큰 오해다. 하나님께서는 애초에 그런 것을 갖고 계시지 않기 때문에 주실 수 없다. 나는 아버지의 암이나 내 생에 일어난 어떤 재앙에 대해서도, 그 자체로 하나님을 원망하기를 거부한다. 우리가 갈등과 죄악의 세상에 살고 있는 것이 현실이다. 나쁜 일은 일어나게 마련이다. "왜"는 이해할 수 없을지 모르지만, 나는 하나님이나 그분의 언약이 부족하지 않다는 것은 안다.

하나님께서는 모든 상황을 그분의 영광을 위해 사용하실 수 있을 정도로 크시지만, 주어진 문제가 하나님의 뜻이라는 뜻은 아니다. 삶에 일어나는 모든 일이 하나님의 뜻은 아니다. 우리는 그분을 원망하기를 그쳐야 한다. 우리 신학의 모퉁이돌은 **하나님께서는 항상 선하시며 오직 선한 선물들만 주신다**는 사실이다. 주님께서는 늘 신실하시며 항상 그분의 약속들을 지키신다. 주님 안에는 악이나 어둠이 전혀 없다.

주님의 선하심과 신실하심은 우리가 드리는 찬양의 초점이 된다. 우리는 때로 그와 모순되는 것 같은 상황 중에 그분의 성품의 그러한 면들을 인해 기뻐한다. 아버지의 죽음 이후 나는 영원 가운데 결코 드릴 수 없었을 희생적 찬양의 제사를 드리는 특권을 발견하게 됐다. 내 제사는 슬픔과 낙심, 혼란 속에 드려진 것이다. 이 중 어떤 것도 하늘에서는 체험하지 않을 것이다. 오직 이 생에서만 그러한 "향내"가 담긴 제물을 바칠 수 있을 것이다.

기적을 추구하는 데에 미치지 못할 때, 그 결핍은 결코 하나님 측에 있는 것이 아니다. 제자들이 그런 식으로 생각할 유혹을 받았을 때 예수께서는 진짜 문제에 대한 통찰력을 주셨다. "**기도와 금식 외에는 이러한 유가 나올 수 없느니라**(막 9:29)." 기도하고 금식하는 대부분의 사람들은 기적의 생활 방식이 아니라 구체적인 기적의 사건을 추구하며 그렇게 한다. 예수께서는 그러한 상황 중에 금식도 기도도 아니하셨다. 주님의 삶은 기도와 금식으로 충만하여, 원하시는 초자연적 형태의 삶에 접근할 수 있으셨기 때문이다. 우리는 특정한 상황 가운데 일회성 돌파를 얻어내는 것만이 아니라 생활 방식에 대한 접근성을 얻는다는 측면에서 생각해야 한다. 우리 주변의 세상에 이러한 천상의 증거를 보여야만 할 책임이 우리에게 있는 것이다.

죄책감과 수치심에 굴복하지 않고 우리가 가진 결핍의 가능성을 마주하는 법을 배우는 것은, 그리스도와 같은 기적의 삶을 추구하는 중에 초점을 유지하는 열쇠다. 내가 보기에 기도 응답이 안 된 것을 논리적으로 이해해야 할 필요 때문에 인간의 이성이라는 제단 위에 하나님께서는 항상 선하시다는 계시를 제물로 바치기를 거부한다. 나는 내 삶 가운데 미성숙한 영역들을 깨달음으로 느껴지는 불편이 훨씬 좋다. 그것이 내가 돌파에 이를 때까지 하나님을 추구하도록 자극한다면 말이다. 비극적 상실의 한가운데서 개인적인 성장의 필요를 발견하고 인정하게 되는 많은 사람들은 후회와 자아비판에 빠진다. 교회에서 가장 흔한 살인자인 후회는 반드시 다뤄져야 한다. 예수의 보혈로 덮고 떠나라!

신성한 정의를 촉구함으로 상실감을 다른 사람의 이득을 끼치는 일에 근간으로 사용하라! 내가 아버지를 위하여 구하던 것과 같은 돌파를 계속 추구해야만 하지만, 이제는 초점을 같은 필요를 가진 다른 이들에게로 옮겨야 한다는 뜻이다. 하나님의 정의 시스템은 도둑이 훔친 것의 일곱 배를 갚기를 요구한다. 나는 하나님께서 암에 대하여 내가 가졌던 것보다 일곱 배 더 큰 것을 주시기를 구하고 있다.(흥미롭게도 이 부분의 집필을 마친 직후 우리의 사역을 통해 암을 치유 받았다는 또 다른 간증을 듣게 되었다. 췌장암 말이다! 이것이 신성한 정의다!)

우리는 호출 받았다

초대장이 우리 앞에 있다. 우리는 하나님께서 그분의 교회에 놀라운 생기의 때를 가져다 주시고 잃어버린 자들로 하여금 강력한 능력의 역사를 통해 주님의 구원을 맛보게 하시는, 부흥의 때에 살고 있다. 하지만 이처럼 사치스러운 은혜의 부으심을 통해, 아버지께서는 성숙으로의 부르심, 그분의 힘 가운데 우리 주변의 세상에 우리가 전해야 할 하나님 왕국의 능력과 사랑을 더 큰 분량으로 받을 수 있는 개인적 돌파를 얻기 위한 싸움을 받아들이는 그분의 아들 딸들의 세대에게 구애하려고 하신다. 이것이 우리 앞에 펼쳐진 경주다. 스스로에게 힘을 주는 법을 배우는 자들이 되어, 인내로 달리게 되기를 축원한다!

내 차례엔 안 돼!

주님을 통해, 우리는 모든 폭풍에 대한 권세를 가진다

열방을 제자 삼는 우리의 부르심은 제자라는 게 무엇인가에 대한 이해로 시작된다. 예수께서는 그분을 따르는 데에 요구되는 바를 아주 분명히 하셨다. "**또 자기 십자가를 지고 나를 따르지 않는 자도 내게 합당하지 아니하니라**(마 10:38)." 예수께서는 우리가 죄에 대한 형벌을 받아야만 한다고 말씀하시는 것이 아니다. 그것 때문에 십자가를 지신 것이었다. 자기 십자가를 진다는 것은 우리 삶이 우리 자신에 대한 것이 아니라는 진리를 포용하는 것이다. 로마서 14장 7절은 이렇게 말씀한다.

"우리 중에 누구든지 자기를 위하여 사는 자가 없고 자기를 위하여 죽는 자도 없도다."

예수의 십자가는 그분 자신에 대한 것이 아니었다. 아버지를 기쁘시게 하고 우리를 구속하는 것이었다. 마찬가지로 우리의 십자가는 우리에 대한 것이 아니라, 그리스도를 위하여 우리의 삶을 살고 그분의 임무가 이 땅에서 성공하도록 우리 몫을 하는 것에 대한 것이다.

다윗의 생애는 개인적 돌파가 주변의 사람들에게 공동체로서의 축복을 풀어놓음을 보여 준다. 그리스도의 십자가도 같은 역사를 이루었다. 그것은 예수의 개인적 돌파였기 때문이다. 예수께서는 그분께서 가셔야 하는 길로부터 돌아서게 하려는 모든 유혹과 방해, 혹은 반대를 저항할 수 있는 강력한 힘을 요하는 사명을 이뤄야 하셨다. 예수의 순종은 역사상 가장 위대한 공동체적 축복을 풀어놓았다. 인류 전체를 위한 구원 말이다. 그와 같이 우리가 품은 십자가도 축복을 풀어놓되 예수의 구원의 혜택을 체험한 우리 주변 사람들에게만 아니라, 청지기 된 우리를 통해 그분의 유업을 이 땅에 소유하신 주님께도 향할 것이다.

바울은 이렇게 말한다.

"자녀이면 또한 상속자 곧 하나님의 상속자요 그리스도와 함께한 상속자니, 우리가 그와 함께 영광을 받기 위하여 고난도 함께 받아야 할 것이니라(롬 8:17)."

예수께서는 죽음과 부활을 통해 이기셨던 바로 그것들의 저항으로 고통 당하셨다. 곧 어둠의 왕국과, 죄와 죽음의 인류에 대한 통치 말이다. 마찬가지로 우리가 지는 십자가와 신자로서 견디는 고통은 우리가 그리스도와 함께 물려 받은 땅으로부터 몰아내도록 위임 받은 원수의 세력들의 저항이다. 우리에게 주어진 능력과 권세를 행사하여 원수로부터 우리의 영토를 취하는 것이 그 영토 내에서 영향력의 자리에 대한 우리의 성격을 강하게 하며, 하나님의 왕국을 확립하게 한다. 우리는 단순히 우두머리를 묶어 집에서 쫓아내고, 그가 훔친 것을 되찾을 것이 아니다. 우리는 하늘의 축복을 풀어놓아 집안을 채울 수 있는, 하나님 왕국의 우두머리가 되어야 한다.

이것이 마가복음 4장에서 예수께서 제자들에게 가르치고자 하셨던 것이다. 주님께서는 호수 한 자리에 있던 사역의 짐을 꾸려 하나님 왕국의 메시지를 들어보지 못한 건너편으로 나아갈 때라고 하셨다. 가는 길에는 자신들을 없애려 하는 폭풍을 만났다. 예수께서는 말씀으로 그 폭풍을 잠잠케 하셨고, 예수와 제자들은 여정을 마칠 수 있었다. 그들이 해안에 도착했을 때, 귀신 들린 미친 자가 산에서 나와 예수를 경배하기 시작했다.

예수께서 귀신들을 쫓아내자, 귀신들은 그 지리적 위치로부터 떠나보내지 마시라고 간청했다. 이는 그의 안에 있던 귀신들이 그 지역의 정사를 쥐고 있었음을 보여 준다. 그 귀신은 그 지역의 혼돈의 분위기를 제정하는 우두머리였고, 예수와 제자들이 그 지역에 들어가지 못하게 막으려 했던 폭풍은 그 능력이 드러난 것이었다. 하지만 그들의 능력은 그 미친 자로 하여금 예수를 경배하지 못하게 할 수 없었다(귀신의 수가 아무리 많아도 사람이 예수를 경배하는 일을 막을 순 없다!). 경배를 통해 그는 하나님 왕국이라는 더 우등한 권세 하에 들어가게 되었고, 그 지역에 대한 정사는 물러났다.

이러한 분위기에 대한 방해가 너무나 격렬하여, 그 지역의 사람들은 두려움에 예수와 제자들에게 떠날 것을 요구했다. 그러나 예수께서는 새로이 그분을 따르게 된 자에게 그 마을을 떠나지 못하게 하셨다. 그것이 새 신자에게 극도로 적대적인 환경이었음에도 말이다. 주님께서는 그에게 그 지역의 복음 전도 사역을 이끌어 가도록 위임하셨다.

"집으로 돌아가 주께서 네게 어떻게 큰 일을 행하사 너를 불쌍히 여기신 것을 네 가족에게 알리라(막 5:19)."

얼마의 시간이 흐른 후 예수께서 다시 그 지역에 방문하셨는데, 모든 도시의 모든 사람들이 말씀을 듣고자 모여들었다. 예수를 만난 한 사람이 하나님을 거부하는 데서 그분을 갈망하는 데로 온 무리의 시각을 바꿔놓았다.

불신이 기도 응답을 받지 못할 때

놀라운 이야기지만, 우리는 종종 어떤 순간의 의미를 놓친다. 폭풍을 잠잠케 하신 후, 예수께서는 제자들을 향해 이렇게 말씀하신다. "어찌하여 이렇게 무서워하느냐? 너희가 어찌 믿음이 없느냐?(막 4:40)" 많은 사람들에게 예수의 대답은 조금 극단적으로 보인다. 하나님께 문제를 고쳐 달라고 요청하는 게 우리의 일이고, 하나님께서는 고쳐 주시는 게 그분의 일이라고 생각한다. 하지만 예수께서는 이렇게 말씀하셨다.

"너희가 하도록 훈련시킨 일을 너희는 방금 해야 했다."

예수께서는 제자들에게 자신이 떠나는 것이 유익이라고 하셨다. 왜냐하면 그래야 아버지께서 성령이 우리 안에 거하도록 할 수 있으시다는 것이다. 이는 우리 삶의 폭풍 가운데, 우리는 한 배에 타서 주무신 예수와 함께 있던 제자들보다 더 나은 상황에 있다는 것이다. 바로 그분의 영이 우리 안에 거하고 있는 것이다. 주님의 인도를 따라간다면 우리는 항상 폭풍에 대한 권세를 가질 것이다. 하지만 아버지께서 주신 과제와 사명에 기대기보다 우리의 목숨을 구하려 할 때, 우리는 믿음 안에서 개인적인 돌파의 기회를 놓치게 된다. 또한 우리의 믿음이 억압적 분위기를 몰아내고 천상의 분위기를 너무나 많은 그리스도인들이 삶의 폭풍과 세상의 부패를 보고, 자신들의 할 일은 죽는 날 혹은 휴거 때까지 그저 버티는 것이라고 결론 짓는다. 하지만 믿음의 사람들은 다른 관점을 가진다. 폭풍 안을 들여다 보고 인생의 기회를 찾는다. 주님을 통해 우리는 모든 폭풍에 대한 권세를 가진다.

영적 거인들은 역사의 가장 어두운 때에 도전을 마주하기 위해 일어나는 습관이 있다. 조나단 에드워즈Jonathan Edwards, 윌리엄 부스William Booth, 존 레이크John G. Lake, 에이미 셈플 맥퍼슨Aimee Semple McPherson 같은 사람들은 그리스도의 참된 제자들로, 예수께서 하신 모든 일은 자신들의 과제에 대한 본보기라는 이해를 가졌다. 그들은 자신들의 때에 폭풍 속을 들여다 보았다. 어둠의 왕국이 자신들이 여호와의 마땅한 기업이라고 확신한 영토 가운데 나타나는 것을 보고 믿음으로 일어나, 그 폭풍을 몰아내며 선포했다.

"내 담당 시간엔 안 돼!"

자신들의 과제가 세계 역사의 흐름을 잡는 것임을 안 그들은 자신들을 둘러싼 칠흑 같은 어둠에 굴복하기를 거부했다. 그들은 **인간으로서는 불가능한** 자신들의 과제를 온 하늘이 뒷받침해 주는 것을 보았다.

이제는 이 하나님의 사람들의 이야기가 그냥 우리를 놀라게만 하도록 둘 때가 아니다. 예수께서는 결코 몇몇 특별한 신자들만 그분과 같은 위대한 기름 부으심 가운데 행하며, 지역들의 영적 기후를 바꾸기를 뜻하지 않으셨다. 그 배 안에서도 제자들 하나하나를 훈련하사 그분께서 하신 일을 하도록 하신 것이다. 이제는 하나의 믿음의 세대 전체가 주어진 기회를 포용해 자기 십자가를 지고 우리가 그분과 나누도록 초청 받은 유업을 되찾기에 충분할 만큼 엄청난 양의 기름 부으심을 하나님께서 맡겨 주실 수 있도록 돌파를 위해 분투할 때다.

그렇게 하기 위해 우리에겐 엄청난 용기가 필요하다. 왜냐하면 주님께로부터 보고 들은 곳으로 믿음의 걸음을 내딛을 때, 우리는 부담을 져야 할 것이기 때문이다. 새로운 부흥의 물결이 휩쓴다든지 선지자가 우리를 불러내거나 말씀을 주기를 기다리는 등 또 하나의 엄청난 사건을 체험하는 것에 우리의 소망이 있다면, 결코 그 걸음을 내딛지 않을 것이다. 우리는 모든 연약한 곳을 강하게 하고 두려움에 합의한 내용들을 파기하기 위해 개인적 책임을 다해야 한다. 우리가 지속적인 부흥의 현현이 되어야지 외부적 상황이 우리의 꿈에 맞춰지기를 기다리는 일은 멈춰야 한다. 우리는 감사와 기쁨, 기도로 이렇게 한다. 왜냐하면 주님께서 기도하시고 약속과 증거들을 묵상하시고, 믿음의 사람들과 어울리시기 때문이다. 그저 우리 주변 사람들이 그렇게 할 때에만이 아니라, 생활 방식으로서, 지속적으로 그렇게 해야 한다.

이 도구들을 활용하는 것이 폭풍 한가운데서 우리가 필요한 힘과 용기를 얻을 수 있는 유일한 길이다. 왜냐하면 그것들은 우리가 누구이며, 하나님께서 우리에게 어떤 일을 맡겨 주셨는지를 떠오르게 해 주기 때문이다. 무엇보다도 이것들은 우리가 승리를 위해 무장되어 있음을 상기시켜 준다. 우리에게 항상 통하는 공식이 있어서가 아니라, 하나님께서 우리와 함께 그리고 우리 안에 계시기 때문이다.

이것이 약속의 땅을 위해 싸우라는 부르심을 듣는 모든 아들 딸들을 위한 주님의 약속이다.

내가 네게 명령한 것이 아니냐? 강하고 담대하라. 두려워하지 말며 놀라지 말라. 네가 어디로 가든지 네 하나님 여호와가 너와 함께 하느니라(수 1:9).

믿음의 승리

지은이 빌 존슨
펴낸이 김혜자
옮긴이 고병현

1판 1쇄 2015년 1월 20일

등록번호 제16-2825호 | 등록일자 2002년 10월
발행처 다윗의 장막 | 주소 서울시 강남구 대치2동 982-10
전화 02)3452-0442 | 팩스 02)3452-4744
www.ydfc.com
www.tofdavid.com

값 10,000원
ISBN 978-89-92358-89-7 13230   (CIP 2014035758)

* 잘못된 책은 바꿔 드립니다.
다윗의장막미디어는 영적 부흥과 영혼의 추수를 위해 책, CD, Tape, 영상물들의 매체를 통해
하나님 나라가 가정, 사업, 정부, 교육, 미디어, 예술, 교회로 확장되는 비전으로 나아가고 있습니다.